知识产权资产
价值转化研究

邓文 著

知识产权出版社

全国百佳图书出版单位

图书在版编目（CIP）数据

知识产权资产价值转化研究/邓文著. —北京：知识产权出版社，2019.6
ISBN 978 - 7 - 5130 - 6258 - 9

Ⅰ.①知… Ⅱ.①邓… Ⅲ.①知识产权—资产管理—研究—中国 Ⅳ.①D923.404

中国版本图书馆 CIP 数据核字（2019）第 091327 号

内容简介

对知识产权的运营管理实际上就是对附着于各类知识产权之上所形成的知识产权资产的管理。本书从知识产权资产的界定出发，结合知识产权的特性及知识产权资产的价值属性，对知识产权资产基本理论进行分析，并围绕知识产权质押、知识产权托管、知识产权资产证券化三种目前知识产权资产运营管理的重要形式，从理论和实践视角分析当前知识产权资产运营管理的发展成果、困境及相应对策，为创新知识产权资产管理及资本运营形式奠定基础。

本书适合从事知识产权资产价值评估、知识产权融资和运营及相关工作的人员阅读，也可供知识产权金融政策制定者和管理人员参考。

责任编辑：张雪梅　　　　　　　　责任印制：刘译文
封面设计：张 悦

知识产权资产价值转化研究
ZHISHI CHANQUAN ZICHAN JIAZHI ZHUANHUA YANJIU
邓 文 著

出版发行：**知识产权出版社**有限责任公司	网　址：http://www.ipph.cn
电　话：010 - 82004826	http://www.laichushu.com
社　址：北京市海淀区气象路 50 号院	邮　编：100081
责编电话：010 - 82000860 转 8171	责编邮箱：410746564@qq.com
发行电话：010 - 82000860 转 8101	发行传真：010 - 82000893
印　刷：三河市国英印务有限公司	经　销：各大网上书店、新华书店及相关专业书店
开　本：720mm×1000mm　1/16	印　张：12.25
版　次：2019 年 6 月第 1 版	印　次：2019 年 6 月第 1 次印刷
字　数：196 千字	定　价：68.00 元
ISBN 978-7-5130-6258-9	

前　言

为了应对新一轮国际竞争，国务院分别于2014年、2015年和2016年颁布了《深入实施国家知识产权战略行动计划》《国务院关于新形势下加快知识产权强国建设的若干意见》和《深入实施国家知识产权战略　加快建设知识产权强国推进计划》三份重要文件，再次突出强调了我国知识产权强国方针：在21世纪上半叶，我国将建设成为世界知识产权强国，并通过知识产权进一步强大我们的国家。

知识产权业已成为现代国家与企业净竞争力强弱的重要标志，并将在日趋激烈的国际政治、经济、科技、文化等领域的国际竞争中发挥越来越关键的作用。因而，一个不争的事实是：在和平的未来，哪一国家、哪一地区、哪一企业拥有更多的知识产权，意味着其在国际舞台上将拥有更多的话语权。

我国正处于创新驱动发展的战略转型期和知识产权强国战略实现的发展关键期，知识产权作为科技成果向现实生产力转化的重要桥梁和纽带，必将为我国创新型国家建设宏伟目标的实现奠定坚实的创新力基础和法制保障基础，而知识产权服务的集约化、专业化、高端化和国际化将成为我国知识产权有效创造、运用、管理和保护的必由之路。

知识产权是推动经济发展、提高科技创新能力的核心力量。随着我国产业升级的不断推进，各企业应当重视知识产权为自身带来的经济利益，既要促进企业自主创新和形成自主知识产权，充分发挥知识产权的优势，又要推动企业强化知识产权保护及运营意识，从提升竞争优势角度对知识产权进行有计划的组织、协调、保护；既要发挥技术创新的作用，形成完整的专利资产管理与专利资本运营链，又要实现品牌的效应，构建系统化的品牌运营策略；既要形成立体化的版权侵权救济体系，又要统筹好企业商业秘密的保护和利用工作，形成良好的企业知识产权布局。归根结底，对知识产权的运营管理实际上就是对附着于各类知识产权之上所形成的知识产权资产的管理，因此，从理论上对知识产权资产价值属性进行研究，应是知识产权运营或价值转化新形式研究的起始和基础，也是本书之基石。

知识产权质押、知识产权托管、知识产权资产证券化作为知识产权价值转化或运营的重要形式，对于深入实施创新驱动发展战略、培育壮大战略性新兴产业、促进产业结构优化升级具有重大意义，应在创新驱动发展的战略转型期和知识产权强国战略实现的发展关键期发挥重要作用。通过健全知识产权质押平台、知识产权托管平台、知识产权资产证券化平台，加快实现全面推进产业技术创新、科技成果转移转化、科研机构改革、知识产权保护运用、国际创新合作等领域的体制机制改革，同时提供知识产权人、企业和投资人知本和资本对接途径，推动有自主知识产权的重大创新成果实施转化和二次开发，在集聚产业需求、创新成果运营服务和金融资本等产业要素的基础之上强化知识产权运营在产业发展中的支撑作用，实现知识产权价值的最大化。

当前正是我国实现知识产权强国的关键时期，丰富、完善知识产权质押、知识产权托管、知识产权资产证券化研究成果，创新知识产权资产价值转化形式，尤其是从理论层面对知识产权资产加以界定，对坚持中国特色知识产权发展道路，着力加强知识产权运用和保护，积极营造良好的知识产权法治环境、市场环境、文化环境具有重要意义。在此，由衷感谢华东政法大学知识产权学院何敏教授的悉心指导，感谢研究生王逸赟、徐慧斌、马诗雅、徐丽娟、孟丽敏、万紫嫣等帮助查阅和提供资料。限于笔者水平，实感拙作存在诸多问题和不足之处，期望广大读者提出指正意见和建议。

目　　录

第一章　知识产权资产界定理论

随着知识经济和知识全球化的深入发展，知识产权日益成为国家发展战略和竞争力的核心要素。当前知识产权运营市场上各种管理模式共存，且五花八门，如知识产权质押、知识产权托管、知识产权资产证券化、知识产权保险等，但归根结底，对知识产权的运营管理实际上就是对附着于各类知识产权之上所形成的知识产权资产的管理。因此，从理论上对知识产权资产加以界定，就显得尤为重要。事实上，现有知识产权理论中少有关于"知识产权资产"界定的学说，有部分学者甚至直接将"知识产权资产"对应为"知识资产"或"知识财产"，直接抹去了知识产权的资产属性。"知识产权资产"界定理论亟需重构。

知识产权资产是依附于知识产权而形成的，能够为权利主体带来额外收益的未来经济利益。缘此内涵进一步细化、延伸，商标资产是依附于商标而形成的，反映商标功能价值、内在吸引价值、外在转化价值，并能够为权利主体带来超越产品或服务本身利益预期的未来经济利益；专利资产与专利技术本身密不可分，其是根据专利的各项法律因素与各种法律状态，参考与之密切相关的经济与技术方面的影响因子，而确定的能够为专利权人带来的预期经济利益；版权资产应是从具备独创性的外在表达所折射出来的价值中延伸出来的期待经济利益。

第一节　知识产权资产界定及其属性

一、知识产权资产界定

知识产权资产，是依附于知识产权而形成的，能够为权利主体带来额外收益的未来经济利益。

（一）知识产权资产首先表现为一种未来经济利益

知识产权资产当然属于"资产"范畴，知识产权资产全部外延与"资产"部分外延重合，两者为逻辑上的"种差＋属"关系，而"资产"表现为一种"未来经济利益"。目前学界有关"资产"的本质属性观点主要有两种：一种坚持"未来利益观"，其认为"资产，是某一特定主体由于过去的交易或事项而获得或控制的预期的未来经济利益"[①]；与之对应，另一种是"法定权利观"，其认为"资产是由于过去的交易或事项的结果而被一个主体控制的、对未来经济利益的权利（rights）和其他增长额（other assets）"[②]。前者侧重认为资产的本质是一种可预期的未来经济利益，后者侧重认为资产的本质应是一种法定的权利。事实上，两种观点是从不同角度对资产本质进行的诠释，但对比而言，将资产理解为一种"未来经济利益"更为适宜。究其原因，首先，资产应是基于某种权利所获的权益，而非权利本身，权利概念中虽包含权益的内容，但权利更多地体现在法律赋予人实现某种利益的力量，强调法律赋予与法律规定；其次，将资产对应为一种未来经济利益，更符合经济发展的客观规律以及以市场为导向的价值标准。对资产本质加以经济学诠释，更有利于资产作用于市场，发挥市场对资产的调节作用，符合现阶段经济发展的客观规律。

[①]　该观点主要代表人物是斯普劳斯（R. T. Sprouse）和穆尼茨（Moonitaz）教授，后获得 FASB（Financial Accounting Standards Board，美国财务会计准则委员会）认同。

[②]　该观点主要代表人物是舒尔茨（W. P. Schuetze）和萨缪尔森（Richard. A. Samuelson）教授，后获得 ASB（Accounting Standards Board，英国会计准则委员会）认同。

（二）知识产权资产是依附于知识产权而形成的未来经济利益

知识产权资产同某一特定的知识产权紧密相连，知识产权资产价值的形成与转化都是建立在知识产权基础之上的。一旦知识产权内容发生改变或灭失，附着于知识产权之上的知识产权资产将会部分或全部丧失。例如，商标资产实现的形式主要包括资产所有人对商标的使用以及对外许可或转让，他人未经许可使用他人商标而创造的资产价值部分当然归属于商标权人。假设商标真正权利人为甲，乙未经甲许可，将该商标用于自己的产品上，并进行了大量的宣传、推广，投入了大量的物力和精力，累积了一定的商誉，甚至可以说商标资产价值的绝大部分是由乙创造的，但不论是根据反向混淆理论，还是根据事先侵权原则，乙因侵权行为所创造的商标资产价值仍然归属于甲，由甲排他地独占。由此可推知，知识产权资产是在知识产权这一权利基础之上形成的，如果知识产权这一权利本身并不存在，则不会有后续的知识产权资产；如果知识产权资产的形成是使用人未经许可非法使用的结果，形成的这部分知识产权资产应归真正权利人所有；如果知识产权资产的形成是使用人经过授权的结果，则形成的这部分知识产权资产可在真正权利人和使用人之间按贡献的大小进行合理分配。

二、知识产权资产属性

（一）可分离性

这种可分离性意指知识产权资产的形成既可由权利人本身创造，也可由经授权使用的被许可人独立创造或合作创造，甚至由未经授权的侵权人创造，创造知识产权资产的主体无法受知识产权权利人事实控制，这种知识产权资产的获得具有可分离性。知识产权的客体非物质性决定了智力成果是无法实现事实占有的。也就是说，它不像物权那样对其客体直接支配和控制，智力成果通常借助于某种物质形式（即载体）体现出来，人们通常可以从被其占有的载体中获得或感知其中的信息，但这种"获得"或"感知"不具有排他性，即无法排除他人对该信息的"获得""感知",除非他采取了有效的保密或其他控制措施。这种不具有任何排他性的占有,既非实实在在的占有,也非拟制占有。换言之,对智力成果的"占有"在一般情况下并没有法律意义,它既非法律所赋权利的体现,又非受法律保护的事实状态。① 这种无法实现对智力成果事实占有的特性就决定了他人可以在相同的时间和空间内,授权或未经许可使用这种知识产权,而这种使用行为均会影响到知识产权资产的最终价值。

(二) 依附性

知识产权客体不具有实体性,它必须依赖于一定的载体而存在。智力成果虽然通常要通过一定的物质形态表现出来,但这些物质形态并不是智力成果本身。正如世界知识产权组织所指出的那样:"知识财产并不包含在这些复制品中,而是包含在这些复制品所反映出来的信息中,但这些复制品并非财产,体现在这些复制品中的信息才是财产。"② 同时,我们也可以看出,作为知识产权客体的智力成果与作为物权客体的物的区别并不在于它们的外在形体(有形或无形,有体或无体),而在于它们的质的规定性。当我们提供或买卖有形物时,提供的标的与物权客体是一致的,均是物品本身,而当我们提供或转让知识产权时,提供的标的是权利本身,相应的客体则是无体的有关信息。③ 知识产权资产是依附于知识产权而形成的未来经济利益,知识产权客体必须依赖于一定的载体而存在,知识产权资产必须将有形资产作为载体,通过有形资产发挥其功能。

(三) 弱对应性

对于一些内在价值远远超过外在价值的知识产权资产来说,其成本根本无法准确诠释其价值内涵。例如,一幅名家所绘美术作品原件可以拍卖到天价,但事实上创造美术作品的基本成本一般仅包括绘制线条的笔、承载作品内容的纸张及描绘颜色的颜料。美术作品的价值应在于独特色彩与线条配合所折射出

---

① 贺桂华. 知识产权客体基本属性刍议 [J]. 深圳大学学报(人文社会科学版), 2007 (2): 79.
② 世界知识产权组织. 知识产权纵横谈 [M]. 北京: 世界知识出版社, 1992: 4.
③ 郑成思. 知识产权法: 新世纪初若干研究重点 [M]. 北京: 法律出版社, 2004: 59 – 72.

来的艺术之美，美术作品中所凝聚的知识产权资产应体现在作品的内在价值上，而非形成美术作品所需的外在成本。专利资产也是一样的，有时对某项专利技术的研发投入了大量的资金成本，但最终形成的专利成果并不适应市场需求，不被市场接受，相较于投入的成本而言，专利资产的价值是极低的。相反，有时某项专利技术的研发虽未投入大量成本，仅是对现有发明的改进，但恰恰是这种改进，使本不太被市场接纳的技术大受市场欢迎，最终形成的专利资产要远远超过其投入的研发成本或呈现出来的外在价值。

（四）不稳定性

知识产权资产所依附的知识产权权利的不稳定，以及知识产权资产容易受市场波动影响的特性，导致知识产权资产价值本身不稳定。知识产权权利的不稳定主要体现在：一是权利容易受到挑战，商标和专利都存在被他人申请无效的可能，如即使是最初被法院认定的作品也可能因后续裁判中认定其独创性程度较低而不予以版权的保护；二是知识产权权利还受时效的影响，一旦权利保护到期（商标表现为权利人未予以续展），知识产权资产所依附的知识产权即告消失。知识产权资产也容易受到市场波动影响，这主要与知识或技术成果更新换代的速度加快有关，即使是盛极一时的知识产权资产也可能一夜之间大幅贬值。例如，某种能够用于治疗癌症的专利新药面世，基于现有的医疗水平，此种专利新药的价格必定极高，但如果未来某段时间内市场上出现大量同类可替代的新药产品，其价格必定受到极大冲击，专利资产很可能面临大幅缩水。

知识产权的外延与内涵及其法律体系化至今尚无定论。[①] 通常认为知识产权包括商标权、专利权、版权等形式。在实践过程中，真正界定"知识产权资产"的概率很小，而界定具体的商标资产、专利资产、版权资产的机会很多，因此有必要沿着知识产权资产这一上位概念及其资产属性，结合具体的权利特性，进一步细化、延伸，对商标资产、专利资产、版权资产作具体界定。

---

① 李琛. 论知识产权法的体系化 ［M］. 北京：北京大学出版社，2005：41.

第二节　商标资产界定理论

对商标资产界定理论的研究，是商标资产运营或价值转化新形式研究的起始和基础，也是有效构筑立体多元、优势互补的品牌建设大格局，建构并推进新时代品牌强国战略的现实需要。商标资产，应首先表现为一种价值或利益，其与商标密不可分，且需对其外延加以限缩，应是指"依附于商标而形成的，反映商标功能价值、内在吸引价值、外在转化价值，并能够为权利主体带来超越产品或服务本身利益之外预期的未来经济利益"。

一、现有商标资产界定理论

现有关于商标资产的界定理论，基本都是 20 世纪 90 年代末至 21 世纪初提出的概念，国内学者更多地将商标资产理解为"能够为企业带来额外收益的顾客关系"。例如，较早研究商标资产的符国群教授将商标资产直接对应为"能够带来额外收益的顾客关系"，而且这种顾客关系具有"长期性""动态性"的特点。[1] 后续学者在对商标资产专题进行研究时基本沿用了上述含义，包括郑垚教授认为商标资产应为"附着于商标之上，由企业拥有或控制，并能够为企业带来额外收益的顾客关系"[2] 等。

国外学者则更多地将商标资产理解为"一种超越商标功能目的的附加价值或附加利益"。例如，Farquhar 认定商标给产品带来的附加价值或附加利益与商标资产的价值成正向关系，"商标给产品带来的超越其功能目的的附加价值或附加利益"即"商标资产"[3]；加利福尼亚大学伯克利分校 Aaker 教授将商标资产定义为"能够为企业提供超越产品或服务本身利益之外的价值，同

---

① 符国群. 关于商标资产研究的思考 [J]. 武汉大学学报（哲学社会科学版），1999（1）：71.

② 郑垚. 商标资产及其计价方法 [J]. 价值工程，2003（4）：6.

③ Farquhar, Peter H. Managing brand equity [J]. Marketing Research, 1989, 1 (3): 24-33.

时一旦商标图样改变，依附于此商标之上的资产亦会部分或全部丧失"①。美国学者 Keller 也将商标资产理解为"消费者出于熟悉某一商标的心理，而对此商标的经营活动产生的差异性反应"②。

商标资产并非新鲜事物，但伴随知识产权资产价值观念的转变和品牌经济发展的浪潮，商标资产应被赋予"新"的涵义。

二、现有界定理论存在的缺陷

正如前文所述，商标资产虽非新鲜事物，但随着时代的变化与发展决定了应赋予商标资产"新"的涵义。无论是将商标资产对应为"一种长期动态的顾客关系"，还是理解为"一种超越商标功能目的的附加价值或附加利益"，均存在一定的局限性。

（一）错误地将商标资产对应为"顾客关系"

之所以将商标资产对应为"一种长期动态的顾客关系"，应是由当时的历史环境决定的。符国群教授在《关于商标资产研究的思考》一文中明确指出："商标资产的价值需要通过顾客（包括潜在顾客）来实现。发展稳定的顾客关系，需要企业大量投入，而一旦这种稳定的顾客关系建立起来，又可以保证企业获得相应的回报。因此，在现代竞争激烈的市场环境下，顾客关系显得尤为重要，具有价值。"③ 换言之，将商标资产对应为"一种长期动态的顾客关系"，主要还是由于 20 世纪 90 年代商标资产价值转化形式单一，商标给予企业利益的关键在于具有稳定关系的顾客基于对商标的信赖，而给企业带来超越产品价值本身的额外收益，因此在当时的市场经济条件下，稳定的顾客关系是商标资产形成的关键途径，甚至是唯一途径。将商标资产对应为"一种长期动态的顾客关系"，在当时的市场经济环境下，可以说一定程度上揭示了商标

---

① Aaker David A. Managing brand equity [J]. Journal of Business Research, 1991, 29 (3): 247 - 248.

② Keller Kevin Lane. Brand synthesis: The multidimensionality of brand knowledge [J]. Journal of Consumer Research, 2003, 29 (4): 595 - 600.

③ 符国群. 关于商标资产研究的思考 [J]. 武汉大学学报（哲学社会科学版），1999 (1): 70.

资产的本质及价值构成，基本得以适用。

但需要明确的是，"资产"并非"关系"，商标资产应首先表现为一种价值或利益。知识产权资产当然属于"资产"范畴，知识产权资产全部外延与"资产"部分外延重合，两者为逻辑上的"种差＋属"关系。正如前文所述，"资产"对应的应为"未来经济利益"，商标资产反映的应该是某种"未来经济利益"，并非"顾客关系"本身。同时，继续将商标资产界定为"一种长期动态的顾客关系"，现有的很多商标资产价值转化新形式将难以解释。以商标资产质押融资为例，质押得以实现需满足两个要件，一是属于财产权，二是可以转让。① 显而易见的是，"顾客关系"很难被阐释为"可以转让"，而且"顾客关系"一定程度上反映了顾客对产品的依赖，虽然此种依赖不存在人身依附关系，但也容易形成其包含人身权属性的误解。继续将商标资产对应为"顾客关系"已不符合社会现实需求。

（二）错误地将商标功能价值排除在商标资产之外

商标的功能价值当然属于商标资产。国外学者在界定商标资产时一般都将商标的功能价值排除在外，究其原因，无非在于学者认为商标的功能属标识的内在属性，不能认定属于资产的范畴。但资产的本质就是一种可预期的未来经济利益，商标固有功能所折射出来的价值恰恰是一种属于商标权利人的、能够被商标权利人拥有和控制的预期经济利益，属于资产的范畴。

识别商品或服务的来源是商标最基本的功能。通过不同的商标，消费者可以判断出商品或服务出自不同的企业，从而识别商品或服务的来源，作出自己满意的选择，这种"选择"恰恰是商标权人通过注册、使用标识获得的，能够为权利人带来未来经济利益的功能或手段。换言之，这种"识别功能"是通过消费者"选择"实现的，而这种"选择"恰恰能带来"价值"，这种"价值"完全属于资产的范畴。

同样，以商标品质功能举例。商标作为区别商品或服务来源的标识，本身也代表着不同的商品生产者和服务提供者，即使是同一种产品或服务，也会因

---

① 孔祥俊. 民商法新问题与判解研究［M］. 北京：人民法院出版社，1996：280－281.

生产者、服务者不同而品质参差不齐,商标一定程度上表明了其所代表的商品或服务品质的好坏。在市场上,消费者辨别商品或服务品质的好坏往往是通过辨识商标而实现的。一般而言,品质高的产品或服务被消费者选择的可能性较大,品质低的产品或服务被消费者选择的可能性较小,这种品质功能的不同给予消费者的吸引力是不一样的,而这种对消费者的吸引力恰恰能给商标所有权人带来预期的经济利益。品质功能左右了消费者"选择"的空间,于权利主体形成差异性的未来经济利益,这种左右"选择"空间所折射出来的价值属于商标资产的一部分。同样道理,商标的宣传功能和文化功能所折射出来的价值也必然属于商标资产的构成部分。

(三) 现有界定理论无法集中反映商标资产的特征

将商标资产界定为"一种附加价值或附加利益",还存在外延过大的问题,具体表现为该涵义无法集中反映商标资产的特征。换言之,商标资产当然可以反映为"一种附加价值或附加利益",但并非所有"附加价值或附加利益"都是商标资产,双方并不存在稳定的一一对应关系。首先,商标资产应为无形资产。其相较于有形资产而言,最显著的区别在于客体非物质性[①],外观表达为无形资产,没有人们感官可感触的物质形态,只能从观念上感觉它。其次,无形资产具有一定程度的垄断特质,这种垄断性集中体现为控制他人专有实施行为。最后,无形资产的价值具有很强的不稳定性,这种不稳定性既体现在资产价值所依附的权利不稳定,还包括相较于有形资产,无形资产的价值更容易受到市场波动的影响。

同时,商标资产与其他知识产权资产如专利资产、版权资产亦存在区别。专利资产的价值需根据一项专利的各项法律因素与各种法律状态,参考与之密切相关的经济与技术方面的影响因子,对特定资本形态的专利技术进行资产价值现实状况与未来预期的价值推断[②],其与技术本身密不可分。版权资产的价值集中体现在具备美感的表达所折射出来的美学价值,作品的创造性程度及具

---

① 王迁. 著作权法 [M]. 北京: 中国人民大学出版社, 2015: 9-15.
② 何敏. 论企业专利运营中的 SEBS 平台 [J]. 知识产权, 2016 (5): 84-89.

体表达是版权资产价值判断的关键要素。① 与专利资产、版权资产不同，商标资产与符号紧密联系，利益主体通过使用符号，发挥符号识别作用获得预期经济利益。对商标资产的界定应主要从商标的识别功能出发，探讨这种识别功能的"内在吸引特性"和"外在转化特性"，对商标资产的外延加以限定。

三、兼收并蓄基础上重新界定商标资产

对商标资产的界定，应坚持兼收并蓄之理念，对现有商标资产界定中有益的部分予以"发扬"，而对于现有界定中的陈旧观念予以"抛弃"，同时融入一些新的元素。

（一）商标资产与商标密不可分

商标资产同某一特定商标紧密联系，是依附于商标之上而形成的价值或利益。商标资产价值的形成与转化都是建立在其依附的商标基础之上的。一旦商标改变或灭失，依附于商标之上的资产将会部分或全部丧失。

商标资产价值之形成都是围绕商标权而实现的，因此商标资产不可避免地受商标特性的影响。商标的特性主要包括依附性、显著性、独占支配性和时效性四个方面。以商标依附性为例，商标与商品或服务不可分离，它依附于特定商标在特定商品或服务上的使用，商标长期不被使用，相应的商标权将会处于非常脆弱的状态。商标资产亦如此，一旦商标与商品或服务之间不可割裂的依附关系逐渐减弱甚至消失，商标资产的价值亦会因为逐渐减弱或消失的依附关系而减损或灭失；相反，如果商标与商品或服务之间不可割裂的依附关系增强（这种依附关系的增强通常是通过使用实现的），对商标的使用会扩大商标所依附产品或服务的目标市场，从而累积商标资产。

显著性是商标最重要的特性之一，是指商标构成要素应具有"独特"或"新颖"的特点，且这种特点容易被消费者所识别。② 对于显著性强的商标，

---

① 王迁. 著作权法 [M]. 北京：中国人民大学出版社，2015：16-35.
② 王莲峰. 商标法学 [M]. 2版. 北京：北京大学出版社，2014：64.

一方面，其更容易被消费者辨识并熟知，更易形成稳定的顾客关系和消费者市场，从而实现商标资产的累积；另一方面，商标资产依附的商标显著性越强，一定程度上反映了商标权利的稳定，商标资产流失或转移的概率也会下降。

商标的独占支配性是指商标权人在商标权范围内可以自由支配自己所拥有商标的权利，同时包括排除他人侵害其特有商标权行为的权利。延伸到商标资产，同样包含独占支配之特性。具体而言，商标资产实现的主要形式就是资产所有人对商标的使用以及对外许可或转让，他人未经许可使用他人商标而创造的资产价值部分当然归属于商标权人。例如，商标的真正权利人为甲，乙未经甲许可，将该商标用于自己的产品上，并进行了大量的宣传、推广，投入了大量的物力和精力，累积了一定的商誉，甚至可以说，该商标资产价值的绝大部分是由乙创造的，但不论是根据反向混淆理论，还是根据在先侵权原则，乙因侵权行为所创造的商标资产价值仍然归属于甲，由甲排他地独占。

时效性也是商标的特性之一。尽管相较于其他知识产权，商标可无限地续展下去，但商标权人如对商标不予续展，商标权即告消失，依托于商标之上形成的商标资产价值也相应灭失。

（二）厘清商标资产的构成

对商标资产构成的研究，实质是对内容上限缩商标资产外延的研究。现有关于商标资产构成的理论可追溯到1996年符国群教授在《财贸经济》上发表的一篇名为《商标资产的涵义及构成》的文章，其认为商标资产应由以下几个既有联系又有区别的部分构成：

（1）商标知名度，即商标为消费者知晓的程度。消费者对商标的知晓程度越高，商标资产价值越大。

（2）商标的品质形象，即消费者对产品或商标的总体质量感受或印象，它是基于经验、学习或经他人影响逐步形成的。品质形象以产品的实际质量为基础，但两者并不完全等同。在实际生活中，同一品质的两种产品用不同商标推出，即使由同一个消费者使用，其所感受到的品质差异可能会很大，原因恰恰在于不同的商标具有不同的品质形象。

（3）商标联想，指商标在消费者中激起的与产品特点、使用场合等相联系的情境、事物或特征。

（4）商标忠诚，指消费者在某一较长时期内垂青于某一商标，并形成重复选择该商标的倾向。据说，美国通用汽车公司在近二十年的时间里，产品品质一直低于竞争对手，但即使如此，该公司产品仍然占据美国汽车市场的三分之一。究其原因，主要归功于消费者对该公司商标的忠诚。①

（5）附着于商标之上的专有财产，如专利、专有技术、分销系统等。这些专有财产如果很容易转移到其他产品或商标上去，那么它们对增加商标资产所做的贡献就非常小；反之，则成为商标资产的有机构成部分。② 后续学者在进行商标资产构成研究时基本沿用了上述观点。③

上述有关商标资产构成的分法已相对科学，但仍然存在不周延的情形。例如，商标的稳定性当然属于商标资产的构成，商标资产依附于商标而形成，商标权利稳定与否直接关系到商标资产的价值。④ 再如商标延伸，其一般是企业利用消费者对其已有商标的熟知度，而在其推出的新产品之上继续沿用已有商标的特殊手段，从而降低采用新商标的风险，商标延伸的强弱当然影响商标资产的价值。商标延伸越强，既代表商标产品或服务已经形成了稳定的消费群体，同时又进一步扩大了商标受众群体，形成商标资产价值的累积。其实，无论是此前学者总结的构成要素包括商标知名度、商标品质、商标联想、商标忠诚、附着于商标之上的专有财产，抑或新增的商标稳定性、商标延伸等，实质上均可一并归纳为影响"消费者的吸引力或购买欲望"因素，体现的是商标资产中的"内在吸引价值"，这种"内在吸引价值"是基于商标本身独特的吸引力而给权利主体带来的利益。

但从周延的角度分析，商标资产构成不应仅包括"内在吸引价值"，还应包含"功能价值"及"外在转化价值"。商标的功能价值当然属于商标资产，其是指符合资产属性的商标固有功能所折射出来的价值，包括区分商品或服务

---

① 刘红霞. 商标资产管理研究 [M]. 北京：中国工商出版社，2009：16 – 17.

② 符国群. 论商标资产投资 [J]. 财贸经济，1996（10）：28.

③ 如刘红霞教授在其撰写的《商标资产管理研究》一书中对商标资产的构成持有相同认定，具体参见本页注①，第17页。

④ 在 Interbrand 品牌价值评估方法中，其将商标的稳定性解释为"商标的生存能力"，并将它视为影响商标资产价值公式中商标强度的七个重要因素之一。

来源的识别价值、保障商品或服务质量的品质保障价值、推动商品或服务对外扩张的宣传价值、展示企业精神的文化价值等。"外在转化价值"是相对"内在吸引价值"而形成的新概念，与"内在吸引价值"的产生是基于商标本身独特的吸引力不同，"外在转化价值"是指商标资产通过转化或利用等新形式而形成的价值部分，主要包括以下五个方面：

（1）因许可而形成的新价值。商标权人将商标权利中的专有使用权以一定方式许可给非权利人行使，形成商标权许可关系后，被许可人可以依法使用商标，并能根据许可形式行使相应的排他权利，被许可人与许可人一起共同累积商标资产。

（2）因转让而使商标资产变现的价值。商标权人将其商标权利卖绝性让渡给受让人，受让人成为新的商标权人，行使商标权利，商标资产通过转让被全部或部分转移。

（3）因作价入股而累积的新价值。法律允许股东以商标资产作价出资[1]，在合理界定商标资产价值基础之上，商标权人可以通过商标资产作价入股，一方面实现商标价值，另一方面又可以扩大商标使用规模，进一步提高商标信誉，累积商标资产。

（4）因权利质押而盘活的新价值。商标权人可以通过向银行出质商标权利的形式，获得经济贷款，从而进一步盘活商标资产。

（5）因资产证券化而衍生的新价值。商标资产证券化是以商标权资源作为融资对象，通过公募渠道，以发行证券方式进行资金募集的行为。[2] 要实现这种商标资产证券化，需要发起机构将其所拥有的商标权转移到特设载体 SPV（Special Purpose Vehicle，特设载体或特殊目的公司），再由此载体以该资产作担保，经过重新包装、信用评级和信用增强，在达到信用等级要求后，发行在市场上可流通的证券。[3]

---

[1] 《中华人民共和国公司法》第 27 条规定："股东可以用货币出资，也可以用实物、知识产权、土地使用权等可以用货币估价并可以依法转让的非货币财产作价出资；但是，法律、行政法规规定不得作为出资的财产除外。"

[2] WIPO. The securitization of intellectual property assets – A new trend［EB/OL］.［2019 – 02 – 10］. http://www.wipo.int/sme/en/ip_business/finance/securitization.htm.

[3] 黄勇. 知识产权资产证券化法律风险防范机制之研究［J］. 政法论坛，2015（6）：139.

当然，"外在转化价值"除包括以上五方面外，还包括资产信托等商标资产价值转化或利用形式累积形成的新价值。

因此，商标资产的构成不仅包括影响消费者的吸引力或购买欲望的"内在吸引价值"，还包括符合资产属性的商标固有功能所折射出来的"功能价值"，以及商标资产通过转化或利用等新形式而形成的"外在转化价值"。

总结而言，对商标资产界定理论的研究，是商标资产运营或价值转化新形式研究的起始和基础，亦是建构并推进新时代品牌强国战略的现实需要。商标资产，应首先表现为一种价值或利益，其与商标密不可分，且需对其外延加以限缩，应是指"依附于商标而形成的，反映商标功能价值、内在吸引价值、外在转化价值，并能够为权利主体带来超越产品或服务本身利益之外预期的未来经济利益"。

第三节　专利资产界定理论

商标资产与符号紧密联系，利益主体通过使用符号，发挥符号识别作用，获得预期经济利益。对商标资产的界定主要从商标的识别功能出发，探讨这种识别功能的"内在吸引特性"和"外在转化特性"，对商标资产的外延加以限定。与商标不同，专利资产与专利技术本身密不可分，专利资产之所以能够形成价值并实现价值转化，都源于专利技术本身，而专利技术价值本身受各项法律因素与各种法律状态的影响，同时还需参考经济、技术影响因子。因此，对专利资产的外延限定，应从法律、经济、技术这些影响因子出发。总结而言，专利资产与专利技术本身密不可分，其是根据专利的各项法律因素与各种法律状态，参考与之密切相关的经济与技术方面的影响因子而确定的能够为专利权人带来的预期经济利益。

一、影响专利资产的法律因素

专利资产与专利权密不可分，专利资产价值的形成都是围绕专利权而实现的，因此其价值不可避免地受专利权本身特性的影响。

（一）专利权属争议

对专利资产价值进行评价，必须关注专利权的法律状态，这种法律状态主要体现为专利权属争议。目前实践中有关专利权属的争论主要集中在职务发明领域，对于何种情形属于"主要利用本单位的物质技术条件所完成的发明创造"界定不清，而且关于其归属标准摇摆不定。我国现行《专利法》将"主要是利用本单位的物质技术条件所完成的发明创造"认定为"职务发明创造"，申请专利的权利归单位所有。在《专利法》第四次修改的过程中，首次将上述内容从职务发明创造中剥离出去，规定无论是"主要是利用本单位的物质技术条件所完成的发明创造"还是"一般的利用本单位的物质技术条件所完成的发明创造"的情形，均应遵循双方约定，无约定的，申请专利的权利属于发明人或者设计人。但如此规定违背了智力财产归属原则和"投资决定产出"的经济公理，很可能挫伤雇主鼓励雇员发明创造的积极性。应坚持以"对发明创造的实质性特点作出的创造性贡献程度"对职务发明创造归属进行区分，以"贡献程度"或"贡献率"来划分发明创造权益，实现生产要素按贡献参与分配。①

（二）专利权稳定程度

专利权的稳定程度是指专利是否有诉讼历史，是否涉及过无效宣告程序或侵权诉讼纠纷等。② 由于实用新型专利不经过实质审查，实践中实用新型专利最容易被宣告无效，其权利稳定程度时常受到挑战。要判断一项专利权的法律地位稳定程度，还要看其权利要求权项是否容易和在先申请专利的权利要求权项重合或近似，或者对本领域普通技术人员来说容易以相同的手段实现等同替换。

（三）专利权权利边界

专利权权利边界是影响专利资产的关键因素，权利要求是划定专利权权利

---

① 邓文. 关于"职务发明归属标准"的思考［N］. 中国知识产权报，2016 – 07 – 18（007）.
② 来小鹏. 影响知识产权价值评估的法律因素［J］. 中国资产评估，2008（3）：134.

边界的标尺。但权利要求需要以文字作为载体通过词汇来表达，词汇不可能像数学符号那样具有确定性。就权利要求的表面来看，是不可能清楚和明确的，模糊必然存在。[①] 因此，必须通过解释的方法对专利权权利边界进行确定。但即使是具有相同知识水平的人，对以文字作为载体的权利要求内容解释起来也很难形成一致性或确定性。例如，根据美国联邦巡回上诉法院的统计，在巡回法院受理的地方法院判决的专利上诉案件中，有40%的案件就是因为专利权利要求的解释不当而被推翻。[②] 而"解释"的不同必然影响到权利边界的大小，专利资产必然也受"解释"影响而波动。

（四）专利创造程度

有些发明与现有技术相比，在本领域普通技术人员看来产生了"质"的变化，具有新的性能，或者产生了"量"的变化，超出了人们预期的想象，这种"质"与"量"的变化，对所属技术领域一般专业人员来说，应当是事先无法预料或推理出来的[③]，而这种"质"与"量"的变化程度反映的就是专利创造程度。一项专利权，只有达到了创造性的要求，才具有推动技术发展的作用。一般而言，专利的创造程度高，代表专利权凝聚的智力成果更为先进，专利资产价值也更高。

二、影响专利资产的技术因素

（一）技术成熟程度

任何技术都必然有一个发展成熟的过程，技术成熟程度是技术相对于某个具体系统或项目而言所处的发展状态，它反映的是技术对于预期目标的满足程

---

① 见 381 F. 2d，394，155 USPQ 697（Ct. Cl. 1967）.
② 见 Cybor Corp. v. FAS Techs.，138 F. 3d 1448，1476 & n. 4（Fed. Cir. 1998）. 转引自：徐棣枫. 权利的不确定性与专利法制度创新初探 [J]. 政治与法律，2011（10）：125.
③ 冯晓青，刘友华. 专利法 [M]. 北京：法律出版社，2010：111 – 116.

度。① 如果一项专利技术在其所处的技术领域较为成熟，一定程度上反映出该项专利技术在竞争市场中的运用已经达到较为普遍的程度，市场中的同类替代技术较多，以至于其产生超额利润的能力下降。相反，如果一项专利技术处于新生的技术领域，通常意味着市场发育并不完善，市场中存在的同类替代可能性较小，其产生超额利润的能力更强，专利技术所累积的专利资产价值也会更高。

（二）技术交易可能

专利技术完成开发后，其被交易的可能性通常也会对专利资产价值评价产生影响。这种交易的方式既包括专利技术许可，也包括专利技术转让或其他形式的技术合作。专利技术许可是权利人将专有使用权以一定方式许可给非权利人行使的一种法律形式。形成专利权许可关系后，受许可人可以依法使用专利技术，并根据许可形式行使相应的排他权利。专利技术转让是权利人将其专有权利卖绝性让渡给受让人的一种法律形式，这一法律形式的法律后果是专利权人将自己所有的全部专有权利转让给了受让人，受让人对专利技术行使所有专有权利。② 其他形式的技术合作包括技术联盟、技术池等一切可以盘活技术价值的手段。技术交易的机会越多，专利资产的价值转化形式就越丰富，变现能力就越强，两者是相辅相成的。

（三）技术风险大小

技术在推动社会进步的同时当然也会带来风险。技术风险指技术在被应用过程中因损害人、财物及其他周围的生命体和环境而带来的威胁。③ 德国技术哲学家德绍尔（Dessauer）认为，"技术发明是把预成的确定形式从可用性的王国转移到我们生活的感官知觉的王国的过程"，它是通过发明家"对通向目的的可能手段进行排列"来实现的，"技术的核心是发明"④。他强调了技术发

---

① 李达，王崑声，等. 技术成熟度评价方法综述［J］. 科学决策，2012（11）：86.
② 何敏. 论企业专利运营中的 SEBS 平台［J］. 知识产权，2016（5）：87－88.
③ 张明国. 面向技术风险的伦理研究论纲［J］. 北京化工大学学报（社会科学版），2011（3）：1.
④ 吴国盛. 技术哲学经典读本［M］. 上海：上海交通大学出版社，2008：466.

明结果的先在性及探求其过程的或然性、可能性、不确定性和风险性。技术发明的过程是充满风险并规避风险的过程，技术发明家不仅最后发明了技术，他也在这个过程中"发明"了各种风险性因素。在对专利技术风险大小进行价值评价时，如果认定该专利技术对社会公众的公共利益带来的威胁程度达到目前社会无法容忍的高度，即使该专利技术创造性程度极高，能够给社会公众带来相应的利益福祉，也无法在市场上推广运用。对于无法在市场上推广运用的专利技术，很难评价其存在多大的资产价值。

三、影响专利资产的经济因素

（一）宏观经济因素

宏观经济是个体经济的总和，产业的投资价值必然在宏观经济的总体中反映出来。宏观经济政策包括财政政策、货币政策、收入政策、产业政策、消费政策等，这些政策的改变必将直观地影响价格，专利资产价值自然也不例外。[①] 如国家出台政策支持石墨烯行业的发展，鼓励科研机构和企业联合创建石墨烯产业技术联盟，并给予一定的经济补贴。这一产业政策的出台吸引了大量资金、技术、人才涌入这一新型产业，产生了一大批与石墨烯相关的高价值专利，并且与石墨烯相关的专利资产价值亦取得增长。

（二）市场供需状况

价值的实现必须在市场中进行，依附于专利权而形成的专利资产，其价值评价当然也受到市场机制和价值规律的制约和影响。事实上，一项专利技术所附载商品的市场需求、市场容量和供求关系直接制约了该商品的市场价格。市场需求大的专利技术，其专利资产价值一般较高，但同时也要考虑市场的供应状况，即专利技术被同类市场技术替代的程度。换言之，即使面临巨大的市场需求，但是专利技术很容易被同类市场技术所替代，市场的供应很容易达到饱

---

① 李满宇，刘桂明. 专利价值评估的影响因素分析［J］. 中国发明与专利，2013（7）：33.

和的状态，也会制约专利资产的价值评价。

在此需要注意的是，笔者在探讨影响专利资产价值的法律、技术、经济因素时仅对法律、技术、经济因素的重要内容进行了列举，欠缺周延性。但需明确的是，事实上也难以做到穷尽列举法律、技术、经济因素中的所有内容，而且不同时期、不同技术领域中的专利资产价值评价因子也是不同的。

第四节 版权资产界定理论

版权资产是现代文化企业的核心竞争力。版权是文化企业获取经营收益的核心资源，通过对版权内容的生产、管理、运营，形成了版权资产，也构成了文化企业的核心竞争能力。国际上，以德国贝塔斯曼出版集团为例，该集团旗下拥有 RTL 集团（卢森堡）、兰登书屋（纽约）、古纳雅尔（汉堡）、BMG（纽约）、欧唯特（居特斯洛）、直接集团（居特斯洛）等公司，运营着文字、音乐、影视等版权内容。该集团销售收入中，超过二分之一来自直接的版权许可销售，有近六分之一来自与版权产品有直接依附关系的衍生品开发和广告销售等，版权资产始终是贝塔斯曼集团赖以生存的核心资产。[①] 尽管企业已意识到版权资产的重要性，而且有意识地开始对自有版权资产进行管理和运营，但是大部分企业仍然无法准确界定哪部分属于"版权资产"，哪部分属于"公有领域的内容文化"。对版权资产界定的基础应是便于权利主体通过具体界定辨清"版权资产"的具体内容。

现有学说主要将版权资产界定为"权利人所拥有或掌握的、能够持续发挥作用并且预期能带来经济利益的版权的财产权益以及与版权权利相关的财产权益"[②]，定义符合"知识产权资产"的基本界定要求，认定版权资产与版权密切相关，属于"预期经济利益"范畴，但无法集中反映版权资产的主要特征。具备独创性的外在表达是判断文化内容是否构成作品的必须要件，应是版

---

① 王家新. 版权资产是国有文化企业的核心竞争力 [J]. 中国版权，2015（2）：6.
② 吴洁明，徐晨钢. 版权资产管理体系研究 [J]. 科技与出版，2015（12）：59. 转引自：卢玲，王智源. 版权资产管理模式的分析与思考 [J]. 编辑之友，2013（10）：102.

权资产形成的基础，同时这种具备独创性的外在表达应具备一定的价值，唯有满足这两个具体特征的财产才属于版权资产的内容。换言之，版权资产应是从具备独创性的外在表达所折射出来的价值中延伸出来的期待经济利益。

一、独创性的外在表达是形成版权资产的基础

之所以将独创性的外在表达作为界定版权资产的重要因素，是因为其使权利主体对版权资产的构成有更为清晰的认知。权利主体在界定文化内容是否为版权资产时，应先关注该文化内容是否属独创性的外在表达，只有符合独创性的外在表达才有可能构成版权资产。

版权资产的形成源于作品，只有符合作品构成要件的文化内容才能形成有价值的版权资产。而著作权法意义上的作品是指文学、艺术和科学领域内具有独创性并能以某种有形形式复制的智力成果。[①] 换言之，只有具有"独创性"的外在表达才能成为著作权法意义上的作品。[②] 判断是否构成作品的两个关键要素，一是作品是否符合独创性的要求，二是作品须是可被客观感知的外在表达。

（一）独创性

独创性这一术语来自于英语"originality"，可被分解为"独"和"创"两个方面。"独"是指"独立创作、源于本人"，意味着形成版权资产的文化内容必须源于文化内容创作人，亦即该智力成果是由创作人本人独立完成而非抄袭的结果。但需注意的是，如果是在他人作品基础之上进行创作，只要由此产生的成果与原作品之间存在着可以被客观识别的、并非太过细微的差异，该差异部分仍然符合独创性中"独"的要求，能够形成版权资产。"创"是指源于本人的表达，是智力创作成果，具有一定程度的智力创造性，一种独立完成的表达也可能因为没有达到最基本的智力创作高度而无法成为作品，

---

① 《著作权法实施条例》第 2 条。
② 王迁. 著作权法［M］. 北京：中国人民大学出版社，2015：19.

意味着只有那些达到一定创作高度的文化内容才属于权利主体的版权资产。在对作品进行独创性判断时应坚持"三步骤法"：首先将不受版权保护的"思想"从作品中过滤出去，其次将作品中不受著作权法保护的公有领域内容剔除出去，最后看作品余下部分超越已有作品的价值或贡献度，确定作品独创性程度。

（二）外在表达

著作权法并不保护抽象的思想，只保护以文字、音乐、美术等各种有形形式对思想的具体外在表达。只有通过一定的语言、艺术或科学符号形式表达出来，能够使社会公众加以阅读、欣赏或感知的外在表达，才可能具有价值，受著作权法保护。例如，企业耗费大量时间制定出一套完整的运营模式，用于表达这套运营模式的文字是著作权法意义上的文字作品，受著作权法保护，也可以转化为企业版权资产的一部分。但是运营模式本身无法受到著作权法的保护，因为它是思想的范畴。如果竞争对手使用了相同的运营模式，企业只能通过反不正当竞争法或商业秘密的形式来寻求保护，因运营模式不是作品，不属于版权资产的内容。对思想与表达的区分，应遵循"抽象概括法"。从无数具体的细节，到作品的最终主题思想，这是一个由下至上的"金字塔"形结构，从金字塔底端的每一句话的文字表达，至金字塔顶端的主题思想之间，可以有一个不断地抽象和概括的过程。在"金字塔"的底层和顶端之间总会存在一个分界线，在这条分界线之上的就是不受保护的"思想"，而在这条分界线之下的就是受保护的"表达"。①

二、表达应具有一定的价值

只有能够为权利主体带来额外收益的未来经济利益才属于资产的范畴，即只有有价值的内容才属于资产。版权资产形成的基础是作品，而只有具有"独创性"的外在表达才是作品，也就意味着这种外在表达必须具备一定的价

---

① 王迁. 著作权法［M］. 北京：中国人民大学出版社，2015：43－55.

值，才有可能构成版权资产。但并非所有具备价值的外在表达都应纳入企业管理与运营的版权资产的范畴，唯有这种外在表达的价值达到一定程度，才有管理与运营的需要。之所以做此区分，是因为作品虽然考虑独创性因素，但并非专利法中的"创造性"，专利法中的"创造性"作为发明创造获得专利权的实质性要件，要求的创造高度远远超过著作权法中的独创性，而作品的创造难度是较低的，这也意味着企业很容易累积大量作品，作品呈现"数量多、大部分价值小"的特点。如果对所有作品不加以区分地给予管理与运营，版权资产非但难以成为企业的核心竞争力，反而会成为企业的负累。因此，需要对外在表达所形成作品的价值作出合理的评价，而作品的价值一般又受作品类型、作品的独创性程度、作品的权利状态以及可能受法律影响的著作权收益方式等的影响。

综上，知识产权资产相较于商标资产、专利资产和版权资产而言，是更为上位的概念，它涵盖了商标资产、专利资产和版权资产的一般特征，是"依附于知识产权而形成的，能够为权利主体带来额外收益的未来经济利益"。由此内涵结合具体的权利特性进一步细化、延伸，商标资产应首先表现为一种价值或利益，其与商标密不可分，且需对其外延加以限缩，应是指"依附于商标而形成的，反映商标功能价值、内在吸引价值、外在转化价值，并能够为权利主体带来超越产品或服务本身利益之外预期的未来经济利益"。与商标不同，专利资产与专利技术本身密不可分，而专利技术价值本身容易受法律、经济、技术这些因素的影响，总结而言，专利资产与专利技术本身密不可分，其是"根据专利的各项法律因素与各种法律状态，参考与之密切相关的经济与技术方面的影响因子，而确定的能够为专利权人带来的预期经济利益"。对版权资产而言，由于现有企业所拥有的作品大部分呈现"数量多、大部分价值小"的特点，且部分属于公有领域文化的内容却被认定属于版权资产范畴，因此要求界定版权资产时纳入独创性外在表达的概念，并且这种外在表达需达到一定的价值，即"是从具备独创性的外在表达所折射出来的价值中延伸出来的期待经济利益"。

小　　结

近些年随着知识产权强国战略的推进，一些知识产权运营和管理的新模式如雨后春笋般不断涌现，总体而言知识产权运营取得了一定的成绩。但同时也应看到，现有的知识产权运营和管理新模式在实践过程中或多或少都面临一定的发展困境。究其原因，主要在于对知识产权资产界定不清，难以真正捕捉到知识产权资产特征所在，因此从理论上对知识产权资产加以界定对知识产权价值转化形式的创新显得尤为重要。

应当看到，对知识产权资产内涵与外延进行界定是研究知识产权资产的首要步骤，是研究知识产权资产价值转化，如知识产权质押、知识产权托管、知识产权资产证券化等知识产权运营形式的基础。知识产权资产价值转化或知识产权运营形式的探究既离不开知识产权本身，又离不开知识产权资产本身。对知识产权资产界定理论的研究是本书展开的起始和基点。

第二章　知识产权质押

在依靠创新驱动社会发展的全球化时代，知识产权的重要性日益凸显。如何做好知识产权工作，发挥知识产权的价值和作用，成为时下关注的重点。其中，知识产权质押作为现阶段知识产权价值运用的重要形式，一直以来被视为解决科技型企业融资难题的重要方式。2018年，我国专利、商标质押融资总额达到1224亿元，同比增长12.3%。其中，专利质押融资金额达885亿元，同比增长23%，质押项目5408项，同比增长29%，均创历史同期新高①，知识产权的价值正在加速实现。知识产权质押成为时下最受关注的热点问题之一，其在促进知识产权与金融资源的有效融合、拓宽融资渠道、改善市场主体创新发展环境等方面发挥着极其重要的作用。

区别于传统以不动产作为抵押物向金融机构申请贷款的方式，知识产权质押是指知识产权权利人以合法拥有的专利权、注册商标专用权、著作权等知识产权中的财产权为质押标的物出质，经评估作价后向银行等融资机构获取资金，并按期偿还资金本息的一种融资行为。知识产权质押主要有三种模式：一是以知识产权的权利证书作为质押，科技型中小企业（债务人）或第三人将自有知识产权中的财产权设立质押，以其权利证书出质向银行贷款，如果到期债务人无法足额偿清债务或发生其他影响债权实现的情况，银行（债权人）依照合同约定处置知识产权，以其所得价款优先受偿；二是以知识产权授权的收益作为质押，不同于传统知识产权质押模式中将质押物直接锁定为知识产权

---

① 国家知识产权局. 专利、商标、地理标志、集成电路布图设计的年度统计数据［EB/OL］.（2019 - 01 - 10）［2019 - 02 - 15］. http：//www. ccn. com. cn/html/news/xiaofeiyaowen/2019/0110/435453. html.

权利本身，在知识产权授权收益质押融资模式中，科技型中小企业将知识产权许可收益权进行质押，即将该项知识产权授权许可给第三方使用，并将许可收益权作为质押物向银行贷款；三是以知识产权换取信用增进服务，科技型中小企业以自有知识产权换取第三方的信用增进服务，从而获得商业银行的贷款。保证担保是最为常见的信用增进方式，法律未禁止的机构或个人均可提供保证担保，目前提供担保的第三方机构主要包括专业担保公司、信用增进机构、政府及其他企业等。① 此外，商业保险公司也为科技型企业提供向商业银行贷款的保证保险服务。

知识产权质押在欧美国家已发展得相对普遍和成熟。我国知识产权质押虽然取得了一些成绩，如根据相关政策和当地的实际情况，质押"遍地开花"，各自发展，并建立了具备当地特色的知识产权质押融资模式，如已经投入运营推广的"北京模式""中关村模式""上海模式""成都模式""武汉模式""南海模式"，2018 年我国专利、商标质押融资总额达到 1224 亿元，同比增长12.3%，但是相对于欧美国家相对成熟的质押体系，我国知识产权质押体系建构仍然存在诸多亟待解决的问题，如缺乏成套的法律规则和政策保障体系、知识产权评估机制尚不健全、知识产权融资风险防控机制尚不成熟、知识产权交易市场尚不成熟等。相对来讲，我国知识产权质押的发展仍属于起步阶段，需不断探索和完善。

第一节　知识产权质押发展的现状

目前，国内知识产权质押实践以"北京模式""上海模式""武汉模式"为代表。上述模式在探索知识产权质押发展过程中发挥了重要作用，但在实际运作环节仍存在一些问题：如在"北京模式"中，企业贷款门槛高、风险大，贷款对象存在一定局限；在上海的"浦东模式"中，政府承担较大风险，从

---

① 黎向丹. 武汉科技型中小企业知识产权质押融资的风险分散机制 [J]. 财会通讯，2015 (14)：14 - 15.

长远看并不可取;"武汉模式"受诸多实际条件制约,难以大规模开展。① 当下及今后的研究应重点关注知识产权质押模式创新,吸纳既有模式的优点,解决既有模式的不足,研究建立囊括政府部门、各类投资基金、银行、科技型中小企业、担保公司等全方位主体的合作联盟,进一步完善主体间信息传递、风险交互监控,加强各方协作。

一、知识产权质押交易规则初步成熟

(一) 知识产权质押法律体系初步搭建

我国从十几年前就开始从法律制度及政策保障上对知识产权质押进行探索。

法律制度上,早在 1995 年我国颁布的《担保法》中,就对知识产权可以作为一种担保形式用于银行质押贷款作了明文规定。《担保法》第 75 条规定:"依法可以转让的商标专用权、专利权、著作权中的财产权可以质押。"《著作权质押登记条例》《商标权质押登记条例》《专利权质押登记条例》又分别为著作权、商标权、专利权的质押提供了程序保障;《最高人民法院关于适用〈中华人民共和国担保法〉的若干问题的解释》第 105 条规定:"以依法可以转让的商标专用权、专利权、著作权中的财产权出质的,出质人未经质权人同意而转让或者许可他人使用已出质权利的,应当认定为无效。因此给质权人或者第三人造成损失的,由出质人承担民事责任。"

《物权法》第 223 条规定:"债务人或者第三人有权处分的下列权利可以出质:可以转让的商标专用权、专利权、著作权等知识产权中的财产权。"第 227 条规定:"以注册商标专用权、专利权、著作权等知识产权中的财产权出质的,当事人应当订立书面合同。质权自有关主管部门办理出质登记时设立。知识产权中的财产权出质后,出质人不得转让或者许可他人使用,但经出质人

---

① 左奔,周衍平. 基于 CiteSpace 的我国知识产权质押融资研究现状分析与展望 [J]. 经济师,2018 (9):16 – 18.

与质权人协商同意的除外。出质人转让或者许可他人使用出质的知识产权中的财产权所得的价款，应当向质权人提前清偿债务或提存。"

《公司法》第 27 条规定："股东可以用货币出资，也可以用实物、知识产权、土地使用权等可以用货币估价并可以依法转让的非货币财产作价出资；但是，法律、行政法规规定不得作为出资的财产除外。对作为出资的非货币财产应当评估作价，核实财产，不得高估或者低估作价。法律、行政法规对评估作价有规定的，从其规定。"既然法律核定的准许依法转让的知识产权可以以货币估价后出资，自然可以以此为质权进行质押。这样，在法律上为企业通过知识产权实现质押提供了依据。

政策保障上，2006 年《国家中长期科学和技术发展规划纲要（2006—2020 年）》及其配套政策中明确提出鼓励金融机构开展知识产权质押贷款；同年 9 月和 10 月，工商银行上海张江支行和交通银行北京分行分别首次开展知识产权质押贷款业务，打破了知识产权质押"坚冰"，但此次知识产权质押针对的申请对象并非科技型中小企业，而是一些规模大、知名度高的科技型企业。2008 年 7 月 1 日实施的《科学技术进步法》第 18 条明确提出了"国家鼓励金融机构开展知识产权质押贷款业务"。2009 年，银监会和科技部联合发布了《关于进一步加大对科技型中小企业信贷支持的指导意见》，银监会将逐步明确和完善银行对科技型中小企业信贷支持的有关政策，将开展专利等知识产权质押贷款业务。此后，国家知识产权局及各地方知识产权局通过各种途径，在省市内开展知识产权质押融资试点性工作，并给予政策性补贴。2018 年 9 月 26 日，国务院发布《国务院关于推动创新创业高质量发展　打造"双创"升级版的意见》（以下简称《意见》），《意见》鼓励金融机构开展知识产权质押融资，提出将依托国家融资担保基金推进地方融资担保业务开展，支持保险公司为科技型中小企业知识产权融资提供保证保险服务，同时还将为知识产权创造提供环境保障，鼓励和支持创新主体关键前沿技术知识产权创造。[①] 这些措施为科技型中小企业开展知识产权质押提供了政策上的支持和保障。

---

① 国务院关于推动创新创业高质量发展　打造"双创"升级版的意见 [EB/OL].（2018 - 09 - 18）[2018 - 12 - 02]. http：//www. gov. cn/zhengce/content/2018 - 09/26/content_5325472. htm.

（二）知识产权质押评估方法初步明晰

知识产权质押作为担保权的一种，其担保功能源于知识产权的价值，知识产权价值直接决定其质押担保功能的实现。随着我国知识产权市场管理越来越规范化，知识产权质押将以其一般财产价值所不能比拟的优势，更好地体现其担保价值。[①] 但知识产权资产本身的可分离性、弱对应性及不稳定性等特点使其具有相当程度的不确定性，知识产权评估成为阻碍知识产权质押发展的重要滞碍。

经过十几年的发展，知识产权评估方法日益得到各界人士的认同。但是知识产权作为一种无形资产，对其价值的评估方法仍存在较大争议。把知识产权放置于市场中观察，其价值又具有不确定性，需要市场调查、市场分析、市场预测等多种因素介入，才有可能使得知识产权评估趋于大致准确。在知识产权质押过程中，从设立质权到质权最终实现，知识产权市场价值可能已发生变化，因此，如何建立一套科学规范的知识产权质押评估方法体系，显然已经成为知识产权质押管理工作中的一项重要任务。

目前知识产权质押评估方法主要包括市场法、收益法和成本法。在对知识产权进行评估时采取何种评估方法，一般应根据被评估对象的具体类型、特点、评估目的、评估前提条件、评估原则及外部市场的环境等具体情况而定。市场法是利用市场上同样或类似资产的近期交易价格，经过直接比较和类比分析估测知识产权价值的评估方法。收益法则是通过估测被评估知识产权未来收益的现值来判断知识产权价值的评估方法，它服从资产评估中将利求本的思路，即采用资本化和折现的途径及其方法来判断和估算资产价值。成本法是首先估测知识产权的重置成本，然后估测被评估知识产权业已存在的各种贬损因素，并将其从重置成本中予以扣除，而得到被评估知识产权价值的评估方法。各种评估方法虽均有缺陷，但随着评估工作的不断推进，影响知识产权资产价值的因素不断挖掘，知识产权质押评估的方法亦在不断完善。

[①] 李瑜青，陈慧芳. 知识产权评估与质押——基于上海浦东模式的实证研究 ［J］. 华东理工大学学报（社会科学版），2009（4）：66.

（三）知识产权质押交易框架初步形成

传统的知识产权质押制度中，其交易框架如图 2-1 所示：知识产权的权利人将可以作为质权的知识产权交相关评估机构进行评估，评估机构通过评估后给出该知识产权的评估结果；知识产权的权利人凭该评估报告以及知识产权的权利证书到银行申请贷款；银行通过审核后，认为符合贷款条件的则给予放款。

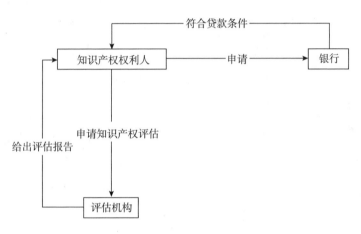

图 2-1 知识产权质押交易框架

目前普遍采用的科技型企业知识产权质押模式，其运行的核心是地方性生产力促进中心，运作流程为：首先，要选择合适的企业，在科技型企业进行知识产权质押贷款申请之后，由科技局通过一定的标准进行筛选；然后，科技局将筛选结果交给地方生产力促进中心，生产力促进中心的相关人员再对这些企业进行贷前审查，并确定最终入围的企业；之后，企业与地方生产力促进中心签订担保协议，并且到知识产权局办理知识产权质押登记；最后，地方生产力促进中心将担保金存入企业要申请贷款的商业银行，商业银行再对企业的贷款条件进行审核，最后发放贷款，如图 2-2 所示。[①]

---

① 杨夏. 科技型企业知识产权质押融资问题研究——基于交易费用理论视角 [J]. 财会通讯，2015（2）：23-25.

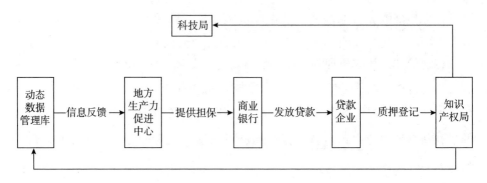

图 2 - 2　科技型企业知识产权质押模式运作流程

二、遍地开花：各具特色的质押模式

我国知识产权质押主要借鉴美国、日本等成熟的知识产权质押模式。美国采用市场主导原则，通过小企业管理局（SBA）和保证资产收购价格（CAPP）及硅谷银行（SVB）模式来进行知识产权的质押融资。日本主要依靠国家支持，具体表现为日本政策投资银行（DBJ）模式。[①]

基于此，我国的知识产权质押模式基本上也可以按照政府与市场的职能作用比例分为市场主导型、政府主导型和辅助不动产抵押融资模式。[②] 当然，根据不同的分类标准可以将我国目前各城市的知识产权质押模式进行不同种类的区分。其他的分类标准还包括：根据政府机构是否直接参与到知识产权质押的法律关系中分为直接质押模式、间接质押模式以及直接 + 间接质押模式[③]；根据参与主体分为银行 + 企业专利权（或商标专用权）质押的"北京模式"、银行 + 政府基金担保 + 专利权反担保的"浦东模式"及银行 + 保险（或担保公司） + 专利权反担保的"武汉模式"等。

为避免因分类标准不同而导致的模式要素的遗漏与差异性，此处采取按照

---

① 郑汝琪. "一带一路"核心区企业知识产权质押研究［J］. 国际商务财会，2018（7）：24 - 26.

② 李军峰. 我国知识产权质押发展现状及对策［J］. 改革与战略，2018（7）：52 - 55.

③ 欧晓文. 科技型中小企业知识产权质押模式探究——基于北京、上海浦东、武汉模式的比较［J］. 现代产业经济，2013（7）：60 - 64.

地区分类的标准进行典型城市知识产权质押模式的分析，分别选取"北京模式""中关村模式""上海模式""成都模式""武汉模式""南海模式"逐一进行解析。

（一）"北京模式"

"北京模式"是一种以银行创新为主导的相对市场化的知识产权质押贷款模式。这种模式既为科技型中小企业解决了融资难题，又拓展了银行的信贷业务新领域。在"北京模式"下，针对不同类型的知识产权质押品种，政府部门如北京市科委、北京市知识产权局（中关村知识产权促进局）、北京市文化产业促进中心及海淀区政府等政府机构分别制定相应扶持政策，主要向提出知识产权质押贷款的中小企业补贴贷款利息。例如，中关村知识产权促进局、北京市科委等政府主管部门为获得交通银行北京分行专利质押贷款并按期还本付息的客户，按照基准利率的一定比例提供贷款贴息，贴息比例控制在 50%，每年每笔贷款的贴息不超过 20 万元。2007 年 4 月，北京市知识产权局和交通银行北京分行签署了《首都知识产权"百千对接工程"——知识产权质押战略合作框架协议》。根据该协议，北京市知识产权局采取了市区两级逐层推动的形式支持交通银行北京分行开展知识产权质押贷款业务，还进行平台搭建、专题宣讲、推动制定规范等工作。[①] 2008 年 8 月，海淀区知识产权局拿出了 1000 万元的贴息费用并出台相关政策推动知识产权质押工作。2009 年 1 月 3 日，经北京市知识产权局推荐，海淀区知识产权局入选首批全国知识产权质押试点。2018 年北京市知识产权局设立"北京市知识产权质押融资促进资金项目"，全力推动知识产权质押融资发展。

从 2006 年开始，交通银行北京分行通过对北京市场的调研发现，北京科技型中小企业众多，很多科技型中小企业因缺少足额的有形资产而被挡在银行融资大门之外，进入中小企业融资领域相对较晚的交通银行因此研发出知识产权质押贷款。该行根据支持、服务科技型中小企业的市场定位，推出"展业

---

① 周丽. 我国知识产权质押融资典型模式之比较分析——基于法律社会学的分析视野 [J]. 电子知识产权，2009（11）：35.

通"等金融产品，完善服务手段，大力发展科技型中小企业贷款业务，同时在建立全市科技型中小企业融资服务体系、引入贴息机制、启动融资培训工程等方面展开工作。该行不仅推出了以"展业通"为代表的中小企业专利权和商标专用权质押贷款品种，还推出了"文化创意产业版权担保贷款"产品。可见，交通银行北京分行充当的是主动参与的"创新者"角色。该行还针对知识产权质押中的风险进行了详细分析，认为在知识产权质押的过程中除了一般的信贷风险外，还有因为知识产权的特征决定的其质押的特有风险，主要包括法律风险、估值风险、经营风险和处置风险四大类。为有效化解风险，该行引入了北京市经纬律师事务所、连城资产评估有限公司、北京资和信担保有限公司等中介机构来共同参与运作知识产权质押贷款业务，并各自按比例承担一定的责任和风险。当时这一大胆而创新的举措极大促进了北京市知识产权质押业务的发展。[①]

在"北京模式"下，中介服务机构如北京市经纬律师事务所、连城资产评估有限公司、北京资和信担保有限公司等中介机构共同参与，提供专业服务，收取一定的费用，并各自按比例承担一定的风险。其中，北京市经纬律师事务所主要承担的是法律风险，连城资产评估有限公司主要承担专利权、商标专利权等无形资产的评估工作，北京资和信担保有限公司则主要提供担保，在必要时过渡性受让不良债权，解决了银行在知识产权质押贷款出现违约时的处置风险。其中值得一提的是北京连城资产评估有限公司的参与。由于知识产权价值的评估是知识产权质押的关键环节，知识产权质押的设定与实现都必须以知识产权价值的评估为基础，所以引入专业的权威性资产评估有限公司是非常必要的。[②] 由于资产评估公司、担保公司、律师事务所等专业中介机构共同合作与参与，基本解决了知识产权质押业务中的一系列难题，使得北京的知识产权质押工作得以顺利开展。

（二）"中关村模式"

2016 年，"中关村模式"首创"纯"知识产权质押模式。该模式中，海

---

① 周丽. 我国知识产权质押融资面临的困境、挑战及对策 [J]. 电子知识产权, 2011 (7): 37.
② 杨松堂. 知识产权质押融资中的资产评估 [J]. 中国金融, 2007 (3): 16 – 17.

淀区政府、北京知识产权运营管理公司①（以下简称"北京 IP"）推出了"纯"知识产权质押融资创新产品"智融宝"，以贷先行、投贷联动。此外，北京 IP 还与北京市海淀区政府共同出资共建了首期规模 4000 万元的"中关村核心区知识产权质押融资风险处置资金池"，为银行贷款提供全额的风险处置。截至 2017 年 10 月末，建设银行中关村分行已成功向 1 家企业发放 800 万元"助知贷"贷款；有 5 个项目正在审批中，金额合计 2000 万元；有 10 个项目处于申报储备阶段，金额合计 6000 万元。华夏银行中关村管理部已为 1 家企业发放"纯"知识产权质押贷款 500 万元；另有 1 个项目正在审批过程中，金额为 400 万元。另外，北京中关村中技知识产权服务集团（以下简称"中技集团"）与华软资本集团合作建立了国内首家"评 - 保 - 贷 - 投 - 易"五位一体的知识产权金融服务体系，通过"成长债"业务帮助科技型企业以"知识产权质押 + 股权质押"方式获得银行贷款，成为国内债股结合、投贷联动的又一典范。②

"中关村模式"有以下四个创新点：一是形成了风险共担机制，降低了商业银行的风险。当出现项目逾期时，由风险处置资金池来偿还银行贷款的本息及罚息，有效降低了银行风险，解决了银行推进产品内生动力不足的问题。二是借力政府平台，扩大了受益面。首期 4000 万元资金池最高可放大 10 倍，支持 4 亿元融资。以单户 500 万元计，可支持 80 户科技型企业融资。三是采取批量化运作模式，审批流程短。银行对贷款金额 500 万元以内的项目采取批量化运作模式，有效缩短了审批流程，解决了企业用款急问题。四是贴息降低企业的融资成本。海淀区的企业参与此项业务，可由财政对融资成本的 50% 进行贴息，最高达 100 万元，企业获得融资的成本因此被降至 5% 左右。

---

① 北京 IP 成立于 2014 年，是中关村发展集团的控股子公司，注册资本 1 亿元人民币。该公司主打"知识产权运营"的理念，业务覆盖知识产权服务、投资管理、资产管理等。对于知识产权的处置流转，该公司主要考虑通过建立知识产权池（如专利池），将上下游企业的知识产权整合起来，形成知识产权流转链条，或是将企业质押知识产权由债权变为股权，开展投贷联动。

② 佚名. 知识产权质押融资大有可为［EB/OL］.（2018 - 10 - 31）［2018 - 12 - 25］. http：// ip. people. cn/n1/2018/1031/c179663 - 30373460. html.

（三）"上海模式"

上海市知识产权局原局长吕国强表示，上海已形成了以司法为主导、行政执法与司法保护有效衔接、"争议仲裁、纠纷调解、信用管理、行业自律"并行发展的知识产权保护工作格局。[①]"上海模式"下先后出现了两种不同的知识产权质押模式，即"浦东模式"和"杨浦模式"。

1."浦东模式"

"浦东模式"中参与的机构有浦东新区人民政府、浦东生产力促进中心、上海银行、浦东知识产权局及科技型中小企业，其结构关系如图2-3所示。

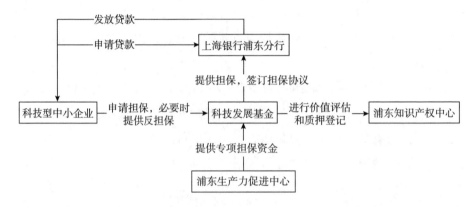

图2-3 知识产权质押之"浦东模式"结构关系

在这五方构成的结构中，各主体分别发挥不同的功能来完成知识产权质押。浦东生产力促进中心（以下简称"中心"）起到的是中介作用。企业评估方面，中心对有贷款需求的企业进行审查，审查的主要内容是需要贷款的企业业主的人品、业绩等，并没有引入专业中介机构参与运作。中心对申请知识产权质押的企业提供知识产权资料，委托浦东知识产权局进行评估，将评估报告及审查报告交给银行。在该政策推出一段时间后，中心又增加了还后贴息政策，规定每年每笔贷款的贴息以20万元为限。在接收了中心的材料之后，银

---

① 吕国强. 知识产权综合管理改革的探索与实践——以上海为视角 [J]. 中国发明与专利，2018（15）：51.

行通过系统的审查批准是否贷款。贷款过程中，中心作为浦东新区科委下属的专业机构提供企业贷款担保，企业以其拥有的知识产权作为反担保质押给浦东生产力促进中心，然后由银行向企业提供贷款，与上海银行约定承担95%～99%的贷款风险。如果贷款成功，中心将收取2%的服务费。在该模式中，浦东新区政府各相关主管部门充当了"担保主体＋评估主体＋贴息支持＋风险承担"等多重角色，是典型的"管理型政府"的体现。整体而言，这是一种以政府为主导和依托，并由政府承担主要风险的质押贷款模式。① 银行仅承担1%～5%的风险，在知识产权质押贷款方面持非常谨慎的态度，认为控制风险最重要，在发放贷款方面比较被动。而浦东知识产权中心（浦东知识产权局）等第三方机构则负责对申请知识产权贷款的企业采用知识产权简易评估方式，简化贷款流程，加快放贷速度。

2. "杨浦模式"

继"浦东模式"之后，上海其他区知识产权质押业务的探索也在不断深入。2009年4月，上海市杨浦区金融服务办公室会同杨浦区科学技术委员会、杨浦区知识产权局、杨浦科技创业中心等部门在前期调研的基础上，充分整合资源，制定了"试点先行，面上突破"的工作方案，并以杨浦科技创业中心的有孚计算机网络有限公司为试点，将有孚公司授权登记的计算机软件著作权质押给科诚小额贷款公司，由科诚公司评定市场价值为500万元，在办理相关手续取得质押登记权证后，为其提供年利率为9%、期限为1年、规模为400万元的贷款，同时将有孚公司企业法人代表的股权质押给科诚公司作为联保。由科诚公司、杨浦科技创业中心所属的科艾投资管理公司和有孚公司三方签订协议，明确一旦有孚公司不能按时归还贷款，由科艾投资管理公司按协议约定的价格参股有孚公司，将债权转化为股权进行追偿。下一步，这一知识产权质押模式将在科技创业中心内的上海宝资软件有限公司、上海复爱绿色化学技术有限公司、上海易宝网络科技有限公司等企业推行。由此可见，在该模式中比

---

① 李瑜青，陈慧芳. 知识产权评估与质押——基于上海浦东模式的实证研究 [J]. 华东理工大学学报（社会科学版），2009（4）：66－71.

较有创新性的做法是引入杨浦科技创业中心所属的科艾投资管理公司，结合债权和股权进行联保，从而在最大程度上规避、分散了风险。

这种模式主要借鉴了西方银行特别是美国硅谷银行的先进做法，以中早期风险投资基金为基础，建立了将知识产权质押转化为企业股权质押的联保方式，最终希望通过处置企业股权和其他权益来实现债权，有利于吸引外部风险投资机构共同打造知识产权质押的退出承接平台。

（四）"成都模式"

在目前评估办法未能有效、准确地解决知识产权价值评估问题的前提下，第二批知识产权质押试点城市成都市通过制度创新和设计构建出一种全新的知识产权质押模式，即"成都模式"，另辟蹊径，以降低知识产权质押活动的成本和风险。①

2008年3月4日，成都市知识产权局与成都银行签订《成都市知识产权质押担保融资合作框架协议》。成都市知识产权局依托成都生产力促进中心（成都市科技风险开发事业中心）建设了成都市知识产权质押服务平台，通过成都生产力促进中心设立4000万元的知识产权质押专项担保基金，成都银行按1∶3的比例放大提供1.2亿元的贷款授信额度，为符合条件的科技型中小企业提供知识产权质押贷款。② 成都生产力促进中心充分利用成都市科技创业投资有限公司的风险投资平台，在质押融资审查过程中以市场化的操作、风险投资的管理，从产品、技术、生产、财务、管理、团队、风险等方面对企业进行风险分析，判断企业的发展前景和挖掘企业的潜在价值，对通过质押融资审核的项目除向银行推荐放贷外，还从风险投资的角度进行包装和策划，利用风投平台资源、渠道向国内外各类风险投资机构推介，通过质押融资担保增加各风险投资商的投资信心，充分发挥风险投资的优势，结合股权投资和债权投资对项目进行融资合作，既有效防范风险，又可扩大融资渠道。

该模式在一定程度上借鉴了"浦东模式"的做法，但是成都生产力促

---

① 周丽. 我国知识产权质押融资面临的困境、挑战及对策 [J]. 电子知识产权, 2011 (7): 38.

② 祝楚华. 知识产权质押融资"成都模式"探索步入深水区 [N]. 成都商报, 2012 – 11 – 22 (4).

中心比较有创新性的做法是引入了风险投资理念，利用成都市科技创业投资有限公司的风险投资平台，通过风投联动分担风险，放大资金池，有力促进了中小企业的发展。随后，科技部组织的全国知识产权质押贷款调研组调研成都后，把成都市知识产权质押工作总结为"政府引导分担风险型的成都模式"。

（五）"武汉模式"

在"武汉模式"中，武汉市知识产权局与武汉市财政局合作，对以专利权质押方式获得贷款的武汉市中小企业提供贴息支持。其中，武汉市知识产权局负责专利权质押贷款贴息项目申请的受理、审核、立项；武汉市财政局负责对所立项目发放贴息资金，并和武汉市知识产权局共同监督、检查贴息资金使用情况。同时规定，凡在武汉市行政区域内办理工商、税务登记的中小企业，通过专利权质押方式获取商业银行贷款，在按期正常还本付息后都可向武汉市知识产权局申请专利权贷款贴息，经过审批后企业获得的最高贴息金额可达20万元，最高贴息比例可达30%。

"武汉模式"作为一种混合模式，在理念上比较有创新性。其中最大的亮点是引入了专业担保机构——武汉科技担保有限公司，该公司作为武汉市科技投融资平台的主体企业，为了降低对科技型中小企业的反担保门槛，在武汉市科技局和知识产权局的要求与支持下，尝试以未上市公司的股权、应收账款、专利权、著作权等多种权利和无形资产作为反担保措施，其中以专利权质押的方式正由尝试走向推广。

（六）"南海模式"

"南海模式"是典型的政府补贴融资成本模式。该模式主要通过政府设立专门的资金，用于补贴企业的贷款利息，在企业正常偿还贷款后，政府补贴企业相应的利息，或者同时给予中介机构一定的费用补贴，来降低企业的中介机构的融资成本。

"南海模式"的具体流程为：首先，企业向银行申请贷款，之后项目交由政府建立的知识产权质押融资服务平台进行贷前调查。调查报告需先交由南海知识产权局进行初步审核，通过后再由其向银行推荐，银行发放贷款。收到款项后，企业根据平台风险控制体系标准将自己最新的财务与经营信息等输入动态数据管理库。之后企业按照相关规定申请贴息，对于符合条件的项目，南海知识产权局发放贴息资金。2014 年 5 月之前，在企业的知识产权质押融资贷款贴息申请通过预审后，评估机构可申请获得基础服务费补贴和中介费补贴①，但这两项中介服务补贴在新办法出台后被取消。若企业无法按时偿还贷款本息，则银行将其质押的知识产权交予贷前贷后服务平台进行处置，并由知识产权交易平台、银行、第三方中介机构共担风险。

总结而言，我国当前市场上知识产权质押规则初步成熟，知识产权质押模式"遍地开花"、各自发展，并形成了具备当地特色的知识产权质押融资模式，如已经投入运营推广的"北京模式""中关村模式""上海模式""成都模式""武汉模式""南海模式"。但是相对于欧美国家相对成熟的质押体系，我国知识产权质押体系建构仍然存在诸多亟待解决的问题。例如，不论是哪种知识产权质押模式，政府与银行为了提高融资项目的成功率，几乎都设置了比较严格的准入门槛，这样做的确能在一定程度上达到降低风险的目的，但却忽视了那些处于创业初期的以知识产权为核心资产的中小型企业的融资需求。除此之外，还缺乏成套的法律规则和政策保障体系，知识产权评估机制尚不健全，知识产权融资风险防控机制尚不成熟，知识产权交易市场尚不成熟等，相对来讲，知识产权质押的发展仍属于起步阶段。

第二节　知识产权质押发展的困境

知识产权质押发展呈现多样化形态，各地根据自身的具体情况对传统质押模式有选择地借鉴与改变，取得了一定的成绩。但整体而言，我国知识产权质押发展仍处于起步阶段，制约各模式发展的共同因素并未得到良好的解决，大多数科技型中小企业在进行知识产权质押时仍然困难重重。

---

① 吴汉东，胡开忠. 无形资产产权制度研究［M］. 北京：法律出版社，2001：54 – 56.

一、缺乏成套的法律规则和政策保障体系

知识产权质押若要稳定且快速发展，离不开外部因素"保驾护航"。目前来看，我国知识产权质押发展仍然面临法律风险和政策风险。

（一）法律风险

法律风险的核心是"确权风险"，它决定了知识产权价值评估是否有意义，质押能否成立，当出现风险时能否顺利变现。一项知识产权对于权利人来说，其产生价值的前提是权利人必须要无瑕疵地拥有相关的权利。知识产权价值的确定，首先面对的就是法律风险的排除。根据我国现行法律，由产权特征所决定，商标权和专利权本身存在较大的权利不稳定性和权利人的权属与权益的不确定性，从而可能导致权属争议。[①] 知识产权在其权利存续期间，其权利人的权利状态是不稳定的，一项已明确了权利归属的知识产权在存续期间也有可能被他人提出异议，从而导致撤销或无效。例如，企业以现有的某项专利权作为质押融资的担保品，金融机构即使经过完整严密的知识产权核查，确认企业拥有该项专利权，且该项专利权是依法申请，并在有效期限之内，借款企业也没有办法保证这项现在有效的专利权将来不会因受到他人的挑战而被宣告无效。[②]

法律风险还表现在法律制度滞后和执法能力不足。目前，我国知识产权法律制度滞后，阻碍了知识产权创新的发展，主要表现在以下三个方面：第一，现行法律制度已不能对日益发展的知识产权客体提供完备的保护，部分法律制度因缺乏体系化和实质性规则而归于虚设。[③] 另外，知识产权制度在审查授权、质押登记等方面存在程序繁琐、费用较高等问题[④]，影响了知识产权融资

---

① 于晓晨. 企业知识产权质押融资风险管理探究 [J]. 现代营销（经营版），2018（10）：163.

② 宋伟，胡海洋. 知识产权质押贷款风险分散机制研究 [J]. 知识产权，2009（4）：74.

③ 如对于新出现的微生物技术的保护仅有原则性规定，尚无配套制度和法律保障制度等。

④ 如我国目前的专利权质押登记至少需要 7 个工作日，软件著作权认证需先到相关部门进行登记查询，12 个工作日后才获得反馈结果等。另外，专利申请费用、评估费用和担保费用等较高。

效率与成本。第二，知识产权金融相关法律不健全，知识产权金融应用和金融价值转化的法律制度多为政策性和倡导性的规定，知识产权评估、交易和运营等尚无明确的法律规则。第三，"形式审查"制度的存在导致知识产权质量参差不齐。区分审查制度导致了国内专利申请大部分为技术含量较低的实用新型和不属于技术创新的外观设计专利，而具有实质创新意义的发明专利申请不足，导致劣质专利大量存在。[①]

同时，对于现行知识产权相关法律的执法力度不足，也在一定程度上制约了创新环境的形成。一是知识产权保护高度依赖执法效果，因多头分散管理、地方保护主义、执法人员专业能力有限及判决执行不利等原因，我国实践中知识产权侵权赔偿额较低，保护力度不足，难以起到威慑作用。二是知识产权保护意识、创新意识和尊重意识不足。企业不重视核心知识产权的确权，导致知识产权流失；部分行业知识产权仿冒率很高，企业创新动力受挫，难以形成知识产权良性发展环境。

除此以外，法律风险还体现在知识产权质押物的交易规则不够完善。在知识产权质押物变现环节上，既有的法律法规使银行比较被动，银行对质押的知识产权处置难。我国《担保法》第 71 条第 2 款规定："债务履行期届满质权人未受清偿的，可以与出质人协议以质物折价，也可以依法拍卖、变卖质物。"《物权法》也有类似规定。两项法律中均隐含着一个纠结，即银行作为质权人在对质押物的处置上并不具有完全的支配权[②]，银行需要与出质人"讨价还价"，一定程度上造成银行在质押物处理上的被动。

（二）政策风险

政府是知识产权质押"游戏规则"的制定者，也是质押融资市场的服务者、促进者、维护者与监督者。尽管国家有关部门制定出台了专利权、著作权、商标专用权等质押登记管理规章制度，有了《担保法》《物权法》等法律，一些地方政府也出台了知识产权质押实施意见与知识产权质押评估实施办

---

① 张涵宇，王子文，等. 我国知识产权金融创新发展研究［J］. 国际金融，2018（8）：71.
② 肖侠. 科技型中小企业知识产权质押融资管理对策研究［J］. 科学管理研究，2011（5）：118.

法等，但总体而言，目前我国知识产权质押的相关政策规范相对分散。

当前我国知识产权质押发展比较缓慢，多是停留在口头和试点探索上，在推动的态势方面还需要加大力度。而政府出台的一些政策比较分散，政策系统性及可操作性有待加强，政府在支持扶持的力度上比较自如，方式也较为单一化，这些都使得知识产权质押工作推行存在着很大困难。企业知识产权质押发展中，在进行交易的时候流通渠道不通畅，所质押的知识产权就有难流通处置的风险。企业和银行签署质押合同的主要目的是企业不能履行偿贷义务时，银行作为债权人有权按照合同处置质押标的物，而质押标的物能不能顺利变现是银行开展知识产权质押业务的重点。虽然当前知识产权交易体系已相对完善，但是还没有形成统一市场，这对银行开展知识产权质押业务的积极性必然会造成相应影响。①

二、知识产权资产价值评估成最大"拦路虎"

（一）知识产权评估方法不准确

2016 年中国资产评估协会发布了《知识产权资产评估指南》，其中第 25 条给出了资产评估的三种基本方法，即市场法、成本法和收益法，但这三大方法对知识产权价值评估的有效性有待商榷。

市场法是把一种知识产权和其实际支付价格或者类似相似环境下的其他知识产权或无形资产进行比较，从而得出知识产权资产价值。相对来说，市场法对资产的评估最直接、最简便，但是它的使用存在几点前提条件：一是必须存在活跃的公开市场；二是可以在活跃的公开市场上找到相同或相近的资产；三是在公开市场有交易活动。对于知识产权价值评估来说，市场法的问题是，它通常很难找到可比的被交易对象。由于知识产权对每个企业的价值都不一样，企业之间的比较是困难的，甚至是不可能的。因此，该方法的实际应用不多，只在特定情况下方可使用。

---

① 孟维雪. 小微企业知识产权质押融资的困境及出路 [J]. 商业现代化，2018（16）：99－100.

成本法以通过对外购买或内部发展获取知识产权的成本为依据。成本法以重置为原则，以重新建造或购置与被评估资产具有相同用途和功效的资产时需要的成本作为计价标准。对于专利而言，成本法的一个缺陷是不能计量研发阶段花费的成本，如制药行业，研发阶段会耗费大量金钱。另外，成本法也没有考虑到专利的独特性和新颖性，因此它通常不纳入预期的收益或收入。对于商标而言，要想找到商标的重置成本是困难的。有观点认为，重置成本法在一定程度上适用于商业秘密的估价。因为通过反向工程和独立性研究可以合法地获得商业秘密的内容，但是当侵权行为使商业秘密成为公知信息的情况下，原告因侵权而丧失的并非曾付出的成本，而是将来的收益，以开发成本确定对原告的赔偿额将产生极不公平的后果。总之，知识产权的价值依靠未来，与创造开发知识成果所付出的成本没有必然关系，而是取决于对其使用而产生的收益。它可用作交叉复核，或作为备选方法，用于检查使用首选方法所得出的价值是否合理；亦可用来对还未使用或使用历史较短的知识产权进行估值，以作购买决策参考，因为通常在这些情况下其他方法并不适用。

收益法是把知识产权期望产生的经济收入折现后作为评估值。收入有不同计量方法，包括总收入或净收入、利润总额、净营业收入、税前收入、税后净利润、经营现金流、净现金流等。理论上说，这种方法对知识产权这种能够为拥有者带来收益的无形资产的价值评估比较科学合理。收益法的最大挑战是收入的估计需要确定一个现实的贴现率，贴现率取决于各种因素，如产品的生命周期、技术适应市场环境变化的能力等，这些因素难以客观判断，往往依赖主观经验。① 因此，在利用收益法评估知识产权价值时，需要结合实际的动态变化，才能使评估值更贴近现实值。

在实践中，学者还提出了其他知识产权评估方法，如比例法、模糊综合评价法、竞争优势法等。但由于知识产权资产的特性，各评估方法均存在无法克服的障碍，市场上对知识产权价值的评估呈现混乱状态，具体的评估方法与评估标准至今无法统一。

---

① 周竺，杨芳. 知识产权质押融资中的价值评估问题新探索 [J]. 中国资产评估，2018（9）：17－19.

（二）知识产权评估机制不统一

目前我国知识产权的评估机制和交易体系并不完备。知识产权评估是知识产权交易流转的前置条件。我国目前不同知识产权运营机构对基于产业细分的知识产权评估标准、方法、指标、经济分析缺乏统一标准，政府层面尚无统一的技术规范和管理规范，难以切实将知识产权的价值转化为市场经济价值。由于缺少统一、科学、规范的知识产权评估技术规范和管理规范，知识产权价值评估结果的可信度不够高。不同的评估机构，使用不同的评估方法，就会有不同的评估结果，甚至有时评估结果相差很大，这在很大程度上使知识产权价值评估体系不具有统一性和权威性。

（三）知识产权评估服务机构能力相对匮乏

知识产权的价值体现在能够改善产品性能和服务质量，能够扩大企业销售市场和营销渠道，也体现在改善企业经营外部环境，优化各类资源，增加企业发展后劲，实现企业的价值增值，为企业带来利润。知识产权的利用除了自己研发外，还可以从市场上获得，如转让或获得许可等，这两种交易方式都离不开知识产权价值的评估。因此，由知识产权评估服务机构提供公正客观合理的价值分析意见，有助于获取方了解知识产权的价值及存在的风险，也有助于权利人正确衡量和掌握知识产权的价值，为谈判提供有价值的信息，促进知识产权的合理有序流动。同时，知识产权评估服务机构也可以帮助银行、风险投资等机构从不同的角度对接知识产权投融资领域，有助于知识产权质押和作价入股，增加企业融资渠道，扩大企业影响力，在推动知识产权成果转化、促进知识产权交易中发挥重要作用。

但是当前知识产权评估服务体系建设相对滞后，知识产权评估服务能力不足，缺乏规模化、国际化、品牌化知识产权评估服务机构，知识产权评估高端服务人才匮乏，再加上知识产权自身的无形性、价值缺乏可比性、价值的动态异变性，加大了评估机构对知识产权价值评估的难度。同时，知识产权的价值主要取决于其关联的核心技术是否有价值，而核心技术是否有价值仅靠评估机构很难作出客观判断。

三、知识产权风险防控机制漏洞多

（一）知识产权不"清洁"

由于我国知识产权制度对知识产权的保护尚不完善，企业知识产权往往存在权属争议和权利的不稳定性，权利背后不同程度地隐含着权属纠纷的可能性。这种不确定性的存在将会影响债权人实施质押贷款的安全性。[①]

（二）知识产权处置风险大

由产权特征决定，商标权和专利权的交易方式、手段和场所均有特殊要求，变现过程复杂且存在不确定性，进而，当贷款出现风险时，质物处置通道不畅，风险不能被快速、有效地控制、转移、分散或化解，贷款银行信贷资产质量将会恶化。解决质物处置问题是商业银行健康开展知识产权质押贷款业务的关键问题之一，也将真正考验贷款银行经营风险的能力。

（三）银行难对中小企业的前景做出风险把控

对于科技型中小企业来说，一般企业的经营能力都较弱，且大多处于创业阶段，产品市场前景模糊，经营风险较大。在该阶段，即使企业拥有高价值的知识产权，贷款人出于风险规避的动机，也往往望而却步。更多的情况是，这类企业本身及其所质押的知识产权存在质量缺陷，尽管有评估机构出具的知识产权评估报告，但几乎大部分银行在是否接受评估结论、是否给予企业提供质押贷款上仍然心存疑虑，银行在推行知识产权质押贷款上态度不够积极。对于中小企业，银行往往提高质押贷款的要求，加大了科技型中小企业的融资成本。为规避风险，银行在开展知识产权质押业务时，对科技型中小企业往往要价较高，如提高利率、要求企业寻求担保等。以200万元的知识产权质押贷款为例，目前市场基准利率为5.31%，而银行对中小企业放贷，利率一般要上

[①] 何斌. 中小企业知识产权质押贷款制约因素及解决方案 [J]. 金融纵横，2010（8）：59 - 62.

浮 30%，另加相关财务费用、知识产权评估费、办理知识产权变更手续费、担保费等，科技型中小企业进行知识产权质押的资金成本达到 10% 以上，甚至高达 15%。① 如此高的综合利率水平对处在创业或成长阶段的科技型中小企业来说财务压力较大，其结果是弱化了企业开展知识产权质押的积极性。

知识产权质押困境还体现在知识产权交易市场不完善。目前，我国知识产权质押物的交易网络尚未形成。② 首先，我国知识产权交易的市场数量不足。据统计，2018 年我国产权交易机构约为 300 家，但知识产权交易业务并不多，知识产权的交易空间受限。其次，现有的产权市场"条块"分割，彼此之间还未形成全国性网络，知识产权交易活动存在信息不对称现象。由于买卖双方不能及时沟通信息，极可能导致知识产权质押物在银行形成"出口"阻塞。

第三节 域外知识产权质押模式

一、美国：SBA/CAPP/SVB 模式

美国作为知识产权强国，其知识产权质押业务起步较早，目前美国已经建立了较为完善的质押法律保障体系。从最初的《美国统一商法典》（下文简称"UCC"）到后来的《美国动产担保交易法》《美国商标法》《美国中小企业投资法》《美国机会均等法》等，共同为知识产权质押业务提供及时、有效的法律保障。其中，UCC 第九编"担保交易"统一使用担保权（security interest）概念，且较为全面地规定了其范围、设立、行使与效力等方面的法律关系。其适用于任何形式的基于合同在动产上创设担保权的交易（另有规定除外），可见适用范围广泛。该编也适用于在一般无形财产③上设立担保权的交易。尽管知识产权并未明确规定在 UCC 第九编适用范围中，但在正式评注中被明确列

---

① ② 肖侠. 科技型中小企业知识产权质押融资管理对策研究 [J]. 科学管理研究，2011（5）：116 – 120.

③ 一般无形财产是指除应收账款、单据、信用证、金钱等明确列举的种类之外的任何动产。

举为属于一般无形财产的类型。因此，UCC 第九编适用于知识产权质押。《美国中小企业投资法》在助推企业获得政府多类项目支持计划、极大提升中小企业的创新潜力方面起到了核心作用。该法通过给予中小企业政策上的保护、援助、指导和扶持，旨在构建系统的知识产权质押法律规制体系，从法律层面为知识产权质押的发展提供有力保障。[①] 在健全的法律政策支持下，美国形成了较为成熟的市场主导型知识产权质押模式，具体而言，主要有以下四种模式。

（一）小企业管理局（SBA）模式

1953 年，美国成立了小企业管理局 SBA，是一所为小企业提供信用担保的政府担保机构。机构从不主动给需要资金的小型企业直接提供融资，也从不为小企业向银行和贷款公司提供足额的担保，只是在原有企业自行提供担保的基础上再进行信用的加强，鼓励双方进行商业信贷活动。[②] 然而，在提供相关评估和贷后管理的信息服务上，SBA 却不遗余力。这样的辅助性角色有助于借款企业和商业银行摸索出一套适应市场的知识产权质押贷款体系。[③] SBA 的运作模式有以下特点：第一，财政不给予补贴和支持。SBA 对中小企业仅仅提供服务咨询，不提供资金扶持。第二，担保额度有限。SBA 为企业提供的担保额度有限，并要求中小企业 20% 以上的股东要以其个人财产为融资行为提供担保。这种方式将政府要承担的风险几乎降低到最小，贷款人仍然为全部债务承担责任。SBA 更加注重企业依靠自身发展的潜力，促进中小企业不断壮大自身实力，扩大业务规模。第三，贷款年限设置合理。SBA 针对贷款设置的还款期限一般是 5～20 年，这取决于抵押物的寿命和企业的贷款额度，有利于中小企业专注于自身发展，快速提升企业实力。[④]

此外，美国健全的法律制度为 SBA 模式的开展提供了便利。美国除了制

①④ 曾莉，王明. 美日科技型中小企业知识产权质押融资的经验及启示 [J]. 中国注册会计师，2016（10）：101 – 105.

② 程守红，周润书. 知识产权质押融资中的政策工具及模式研究 [J]. 华东经济管理，2013（2）：165.

③ 徐栋. 中外知识产权质押贷款发展状况研究 [J]. 电子知识产权，2009（8）：53.

定有《美国小企业法》以外，还配套制定了督促金融机构为中小企业提供融资有关的法律：一是《美国公平信贷机会法》，该法规定，"对申请贷款创办企业的个人或规模较小的借款企业不得实行歧视性政策"；另一部是《美国社区再投资法》及美联储的实施细则《BB条例》，根据该法与相关条例，美国的各类存款金融机构必须为所在社区的小企业提供融资，这是衡量其"社区再投资表现"的一个重要方面。SBA与银行、社区发展机构及小型贷款机构合作，由前者设立贷款标准，并对后者贷予小型企业的额度提供部分保证，降低后者的融资风险。[①]

（二）保证资产收购价格机制（CAPP）模式

CAPP模式是由美国M－CAM公司于2000年创建的一种保证资产收购价格的机制，这一机制拓宽了无形资产融资形式，是一种创新的金融支持手段。与SBA相同，CAPP旨在加强中小企业提供的知识产权之信用，并不直接向中小企业提供贷款。CAPP模式允许提供贷款的金融机构在行使担保权时将作为担保物的知识产权以预定的价格售予M－CAM公司。换言之，当企业不能清偿贷款时，M－CAM公司有义务按照协议规定的价格收购企业出质给金融机构的知识产权。CAPP相对于知识产权质押和信托而言具有担保范围广、期限长、风险小等特点。[②]这一模式将知识产权质押的资信评级、价值评估、资产运营、风险处理、交易管理等综合起来，实现了知识产权质押的风险、市场和运营管理的三位一体，对促进知识产权转化、推动科技进步具有很强的可行性与优越性。CAPP模式相比SBA模式，进一步拓展了知识产权质押对象，使得企业受益面变广，为中小企业提供了更多时间和资金来发展自身。[③]

（三）美国硅谷银行（SVB）模式

美国硅谷银行专门为初创的高新科技公司提供贷款，具体做法是：硅谷银

---

① 李娜. 中小企业融资模式创新的国际经验考察［J］. 商业文化（学术版），2009（1）：26.

② 宋光辉，田立民. 科技型中小企业知识产权质押融资模式的国内外比较研究［J］. 金融发展研究，2016（2）.

③ 曾莉，王明. 美日科技型中小企业知识产权质押融资的经验及启示［J］. 中国注册会计师，2016（10）：102.

行专门为有风险投资支持的公司提供专利质押贷款，并要求公司提供专利权作为质押担保。一旦不能偿还贷款，公司的专利权将归银行所有；如果公司难以为继，硅谷银行在专利权转让时比风险投资公司享有优先受偿权。这种模式的优点在于可以借助风险投资机构的选择，将银行的放贷风险降到最低，又可以为资金短缺的创业公司提供信贷支持。①

（四）知识产权许可收益质押模式

知识产权许可收益质押模式是将"知识产权许可收益"作为质押担保物，依托知识产权融资许可制度。知识产权融资许可中基本当事人包括被许可人、资金供给者和知识产权人。这种模式保障的是三方当事人的利益平衡。与 SBA 模式、CAPP 模式相比，其优势在于：其一，质押物资产较稳定。以契约形式进行现金给付，保证了质押物拥有稳定的现金流。其二，简化了繁琐的质押评估程序。现金是其评估价值的计量单位，对许可收益权的资产价值没有必要采用复杂的评估程序。其三，质押权可以有效实现。通过要求专利被许可人向质押权人支付许可费实现质押权，可以解决传统质押融资模式资产变现困难的问题。知识产权许可收益质押融资模式使知识产权未来预期收益变为现实存在，从根本上降低了对知识产权评估的难度；同时，稳定的现金流收益能够有效提升知识产权评估价值，为债务人获得高额度的贷款。②

如今，知识产权质押贷款已经成为美国现代商业银行和其他商业借贷者的一项基本业务。与传统银行业务相比，它更加重视出质知识产权本身的担保价值，通过控制出质知识产权来控制相应的风险。首先，除了对借款人的信用进行审查之外，借贷者更加重视对出质的知识产权本身的评估与筛选，只有那些已经产生一定经济效益并且有较好潜力的知识产权才能够被质押。其次，借贷者十分重视对知识产权质押贷款合同的拟制，合同详细规定了借款人和贷款人的权利义务，尤其约定了全面的知识产权质权的实现条款。最后，借贷者更加

---

① 宋光辉，田立民. 科技型中小企业知识产权质押融资模式的国内外比较研究 [J]. 金融发展研究，2016（2）：53.

② 曾莉，王明. 美日科技型中小企业知识产权质押融资的经验及启示 [J]. 中国注册会计师，2016（10）：102.

重视对出质知识产权的后续控制。被许可人必须将所有该出质知识产权的许可收益，包括专利许可实施费、版权许可使用费等直接转到银行或贷款公司指定的账户上。许多现代商业银行或贷款公司都会先截留约 20% 的许可收益，再将剩下的 80% 转到出质人的账户，并将这些操作告知出质人。当出质人不是借款人时，银行或者贷款公司会储存这笔资金，以备将来万一需要实现知识产权质押权时可以用来清偿债务。当出质人是贷款人时：一方面，银行或者贷款公司会直接将这笔资金用于偿还贷款和利息，出质人还款不及时，他们还可以直接从收益中截留违约金；另一方面，80% 许可收益的回归使得企业的流动资金更充足，获得更好的发展机会。①

二、日本：DBJ 模式

日本早在 1905 年就开始了对知识产权质押业务的探索。目前，日本已经形成较为完善的法律保障体系和半市场化的运作模式，同时成熟而独特的二级担保体系为中小企业提供保证，从而实现将知识产权质押风险降到最低的目的。

（一）成熟的法律保障体系

就亚洲地区而言，日本的知识产权法历史相对较长，早在 100 多年前日本就设立了专利法律制度。20 世纪 80 年代后期，由于金融危机的影响，日本经济出现衰退的状况，为了早日走出金融危机的困境，日本把技术创新提升到国家战略方针的高度，并于 2002 年制定了规范知识产权的两部基本法律法规——《日本知识产权战略大纲》和《日本知识产权基本法》。这两部基本法律在日本知识产权法律体系中具有重要地位，对知识产权成果的各个阶段进行保护，也使得日本能够较早地开展知识产权质押业务。此后，通过《日本开发银行法》日本的开发银行普遍接受法定知识产权担保业务，并通过给予认股选择权和债务融资的方式规避企业初创阶段的风险。《日本信用保证协会法》规定了该信用

---

① 徐栋. 中外知识产权质押贷款发展状况研究 [J]. 电子知识产权，2009（8）：52.

协会的出资由政府来完成，对于有融资需求的中小企业提供担保和审核，并在企业不能清偿债务的情况下代为偿还债务。日本涉及中小企业的法律有30多部，构建了中小企业金融体系，有力地减小了中小企业的融资难度。纵观日本的立法，可以看出日本政府鼓励和支持将知识产权担保的适用范围扩大。[①]

对于知识产权价值的确定，日本经济产业省知识产权政策室先后制定了《中小企业知识产权资产管理实践指南》《知识产权评估方法》及《知识产权信息公开指南》[②]，除评估知识产权自身价值外，还涉及所在企业信息、市场价值预估与分析等内容，形成较为全面的评估体系，使评估结果的科学性和可信度大大增强。

（二）日本政策投资银行（DBJ）模式

DBJ模式是一种政策性贷款模式。日本为了推动国内的技术创新，扶植资本及资信力有限的中小科技型企业，以DBJ为主的政策性银行从1995年开始对技术倾向性较高的企业提供知识产权质押贷款。同时，由评估机构对借款人出质的知识产权进行技术状态和经济状态的评估，由律师事务所对借款人出质知识产权的法律状态进行评估，商业银行在审查企业的信用状况后，根据评估机构和律师事务所的意见发放贷款，由评估机构和律师事务配合资产管理公司进行贷后管理和不良贷款的处理。[③]这一模式使得知识产权质押的风险大大降低。具体操作步骤主要包括：简易的事前调查，知识产权的检索，知识产权的事业性评价调查，知识产权财产评价（委托外部机关），制作与知识产权收益性相关的确认表格，制作知识产权经营评价融资确认表格，设定担保，事后管理。具体而言，DBJ知识产权质押贷款模式主要有以下特点。

1. 质押物范围较广

日本政策投资银行开展业务时可作为质押物的知识产权包括计算机程序、

① 曾莉，王明. 美日科技型中小企业知识产权质押融资的经验及启示 [J]. 中国注册会计师，2016 (10)：103.
② 陈以乐. 中外知识产权质押融资制度的比较 [J]. 今传媒，2016 (11)：32.
③ 程守红，周润书. 知识产权质押融资中的政策工具及模式研究 [J]. 华东经济管理，2013 (2)：165.

音乐、数据库等的著作权、专利权、实用新型专利权、创意权、商标权等工业所有权及商号等。① 这些知识产权既可以单独成为质押融资的对象，也可以相互组合进行质押融资。近些年来，服务行业、信息产业中的企业知识产权质押情况增多。服务行业、信息产业中的知识产权担保融资领域主要包括"电影、动画、手机通信（通信中加入广告）、动画的电子通信"等。特别是在手机通信行业，通过获得商业专利来融资的案例数量相对较多。②

2. 重点在于价值评估

首先，企业对日本政策投资银行提出贷款申请，由银行对知识产权作出简单的事前调查和进行相关知识产权的检索。然后，由外部机构对知识产权作出价值评估，银行对知识产权作出事业性评价，并在评价的基础上分别制作出与知识产权收益相关的确认表格和与知识产权经营相关的确认表格；在评估的基础上，日本政策投资银行确定知识产权的价值和贷款的额度；由担保公司设定担保。最后，日本政策投资银行发放知识产权质押贷款和实施贷后管理。③

3. 银行角色多样化

首先，DBJ 是贷款提供者，其作为日本政府的政策性银行，对于政府支持发展但缺乏资金的创业企业直接提供知识产权质押贷款。企业将拥有的专利权和著作权等知识产权质押给银行，经过银行评估和审查之后即可获得银行的贷款支持。近年来 DBJ 每年大约提供 30 笔知识产权担保贷款。其次，DBJ 是贷款协调者，联合其他银行共同为企业发放知识产权质押贷款。由于知识产权质押贷款的风险较大，完全由一家银行提供贷款，承担的风险较大。为了降低知识产权质押贷款业务的风险，DBJ 在发放知识产权质押贷款时往往与其他金融机构合作，共同为一家企业提供知识产权质押贷款，共同承担风险和分享收

---

① 李希义. 日本政策投资银行开展知识产权质押贷款的做法和启示［J］. 中国科技论坛，2011（7）：148.

② 李龙. 日本知识产权质押融资和评估［J］. 华东理工大学学报，2009（4）：80.

③ 杨莲芬，董晓安. 日本知识产权质押融资的启示［J］. 浙江经济，2012（4）：44.

益。DBJ 发放知识产权质押贷款的规模通常较大，在操作业务和控制风险上积累了较多的经验，因而其他金融机构也乐意与 DBJ 合作。最后，DBJ 还是一个知识产权资产运营者。DBJ 之所以在开展知识产权质押贷款业务、促进创业企业成长上取得了突出成效，关键的一点在于 DBJ 擅长对知识产权进行商业化，实现知识产权的价值变现。例如，将知识产权资产证券化，即知识产权的拥有者或者发起人将能产生可预期现金流的知识产权或者其相关权益出售给一个合法的独立实体，即特殊目的机构 SPV[①]，由 SPV 根据该知识产权或其相关权益未来可能产生的收入流而在资本市场发行证券进行融资。

4. 知识产权质押评估方式相对严谨

日本知识产权的价值评估通常在知识产权作为一种权利被确定，以及知识产权的流通性得到肯定后进行，采取成本计算法、市场交易价法、收益还原法这三种业界普遍使用的方法来确定知识产权质押的价值。成本计算法，即以获得该知识产权所花费的成本来认定其价值。该计算法中的成本包括原材料、劳动费用、宣传费用、顾问费用等支出，再从成本中扣除物理性、机能性、经济性的降价评价额，而得到知识产权的资产公正价值。市场交易价法是一种根据类似知识产权在市场上的交易状况来进行知识产权价值评估的方法。该计算方法是一种较客观的评估方法。但是知识产权通常具有很强的个体性，在市场中要找到类似的替代物相对困难。实际上往往也不存在这样的替代物市场，所以知识产权质押无法采用这种方法。收益还原法是将知识产权将来可能创造的价值现在化，通过这样的方式进行价值评估。该形式是在推测出一项知识产权产生的商品将来的销售额及知识产权使用费的基础上，扣除制造成本、销售成本、运营费用、改良开发费等，再按一定的比率计算出知识产权当前价值的一种方式。DBJ 的知识产权质押评估有以下特点：以知识产权保护事业部门的资金收支价值作为担保，以资金的收支为前提计算，以相关业务转让时的价值为前提计算融资额。[②]

---

① 李希义. 日本政策投资银行开展知识产权质押贷款的做法和启示 [J]. 中国科技论坛，2011（7）：149－150.

② 李龙. 日本知识产权质押融资和评估 [J]. 华东理工大学学报，2009（4）：81－82.

三、德国：风险按比例分摊模式

德国的知识产权质押模式为风险分摊型模式。德国建立了较为完善的联邦政府和州政府风险补偿机制和担保银行风险分担体系，将知识产权质押业务面临的风险降到了较低水平。具体而言，当担保银行发生代偿损失时，政府承担损失额的 65%，其中联邦政府承担 39%，州政府承担 26%。承贷商业银行与政策性担保机构按照 2∶8 的比例共同分担 35% 的最终损失额，即商业银行最终仅承担总信贷损失额的 7%，担保银行仅承担总信贷损失额的 28%。[①] 同时，德国建立了较为完善的风险补偿机制，政府要求担保银行的损失率控制在 3% 以下。

四、韩国：政府主导型模式

韩国运行的知识产权质押体系属于非常典型的政府主导型模式。由国家出资组建韩国技术交易中心（KTTC），为知识产权质押提供专业化的场所。韩国技术交易中心实行会员准入制度，担保机构、技术交易机构等中介机构只有通过政府许可才可以进入场内参与知识产权质押业务。韩国知识产权局（KIPO）在知识产权融资中担当三个角色：其一，向银行提供用于证明中小企业技术资产的保证；其二，提供技术评价服务，KIBO 设立了 TAC（Technology Appraisal Center，技术鉴定中心），通过 TAC 评价的中小企业可以不用担保就能获得银行的融资；其三，提供与知识产权有关的管理服务。[②] KIPO 和韩国科学技术研究院及为企业提供资金支持的国有金融机构签订合作协议，由韩国科学技术研究院对知识产权进行价值评估，企业即可从金融机构获得贷款。除此之外，韩国政府十分重视发展在线与线下知识产权市场，通过网络专利数据库建立供方与需方的联系，支持举办展会、开设专利转让咨询室和知识产权图书馆等，

---

① 宋光辉，田立民. 科技型中小企业知识产权质押融资模式的国内外比较研究 ［J］. 金融发展研究，2016（2）：53.

② 周丽. 我国知识产权质押融资面临的困境、挑战及对策 ［J］. 电子知识产权，2011（7）：39.

促进知识产权销售。近年来，政府逐渐推动知识产权转让系统以需求方为重心，建立专利拍卖系统。政府还打造了知识产权技术检测与评估系统（SMART），为个人和中小企业提供评估费用资助，帮助其完成知识产权并购、销售和转让工作。[①] 其中一个特色化工作是支持制作专利样品，帮助实现专利商业化运作。此外，对于政府拥有的专利，法律规定可先闲置 3 年，期间任何人都可以通过注册使用，还可以委托私人知识产权机构对其进行商业化转化。[②] 总体而言，在此模式下，政府完全介入市场，并运用法律、行政、经济等多种手段对中小企业予以扶持。

第四节　知识产权质押发展对策

一、健全知识产权质押法律体系

统一、完备的法律法规是知识产权质押业务有序开展的大前提。在我国各地已经积累了一定质押实践经验的基础上，有必要制定更为详细的全国性法律法规，以对我国知识产权质押业务进行统一规范。具体而言，应重点做好以下几方面的工作。

（一）出台针对中小企业担保的高位阶法律

我国自 1999 年建立信用担保体系以来，对于担保机构的准入条件、职业规范、财务内控制度和失信惩罚制度等均未明确规定，对担保机构权利进行保护的法律规范也始终缺位。相对于其他国家而言，《美国小企业法》和《美国小企业投资法》对担保的对象、担保资金的用途、担保金额的收费标准都作出了清晰规定。《日本信用保证协会法》和《日本中小企业信用保险公库法》在规定了信用保证协会和信用保险公库行为规范的基础上也明确规定了担保机

---

① 杨建峰，张磊. 知识产权交易市场发展的国际经验及对我国的启示 [J]. 科技进步与对策，2013（19）：6.

② 朱星华，贾维红. 加强我国知识产权信息服务的几点建议 [J]. 中国科技论坛，2007（2）：87.

构的运行规则。① 美国与日本在知识产权质押方面的成功实践都离不开其健全的法律保障体系。我国涉及知识产权质押的法律规定除了《物权法》《担保法》《著作权法》和《中小企业促进法》以外，其余均为部门规章和地方性法规，而且前述法律也都仅作出了笼统的规定，关于担保机构组织和运行的问题并无详细的指导规则。因此，应当借鉴美、日等国家的成功经验，出台较为详尽的高位阶法律来规范担保机构的行为。例如，有学者提出我国可以整合目前涉及知识产权质押的《物权法》《担保法》以及三个知识产权分支部门法，结合各地方出台的相关政策、管理办法，制定出统一的、具有实际操作性的法规；合理界定出质物的范围及标准，明确交易各方的权利义务和违约责任，依法处置知识产权侵权及质押融资违约行为，减少维权成本，提高侵权代价②；在企业、银监会同国家知识产权局等有关部门的共同参与下制定知识产权质押指引、操作细则，使知识产权质押有法可依，维护参与交易各方的合法权益，进而规范整个市场。

（二）制定统一的知识产权评估技术规范

知识产权质押业务中的一大难点在于对质押物价值的合理评估。目前，知识产权质押的评估方法主要有市场法、成本法及收益法。无论采取何种方法，都应根据被评估对象的知识产权类别、特点、评估前提条件、评估目的与原则及外部市场环境等具体情形，进行恰当的判断，并作出合理的选择。

就银行而言，其最关注的是知识产权的真实价值及变现能力。但是知识产权具有无形性、未来收益的不确定性和较高的风险性，明显不同于银行习惯接受的有形抵押物，知识产权容易受到企业经营状况等各种因素影响而发生价值波动，贬值风险较高，而企业的经营状况变动往往会直接对知识产权的价值产生影响。③ 对评估机构来说，受到知识产权非物质性、时间性、地域性等影

---

① 刘红霞. 知识产权质押融资模式运行中的问题及其优化对策研究［M］. 北京：经济科学出版社，2015：205.

② 张婷，卢颖. 科技型中小企业知识产权质押融资的困境及完善路径［J］. 金融与经济，2016（11）：64.

③ 于文国. 对农发行发展知识产权质押融资业务的思考［J］. 现代金融，2011（4）：28.

响，准确度量知识产权的真实内在价值具有一定难度。目前我国对无形资产价值评估的随意性较大，加上银行机构许多从业人员缺乏专业的专利权知识，在与评估公司对知识产权定价的沟通中存在障碍，导致知识产权定价困难。因此，在知识产权质押物估值过程中，要进行充分的调查研究，借鉴国外先进经验，深入探寻知识产权价值评估的内在规律与方法。① 政府部门应分类研究和规范版权、商标权、专利权等知识产权价值评估工作，并针对各类知识产权价值评估工作制定具体的技术规范，提升知识产权价值评估的质量。例如，可以由银监会会同国家知识产权局等有关部门牵头，制定《知识产权质押业务信贷指引》，促进知识产权质押业务规范健康持久发展。银行可在《知识产权质押业务信贷指引》的基础上尽快出台《知识产权质押业务实施意见》，对贷款模式、服务对象、利率上限、期限配置等内容予以明确，以优化信贷模式，为指导各分支行统一规范有序地开展此项业务提供政策指导。② 同时，我们也应注意到，知识产权的评估不仅仅是一个规则设计的问题，评估所需的数据平台也是其中的一个重点。因此，可考虑在国家知识产权局的主导下，建立知识产权评估报告报备制度③，为知识产权的评估积累第一手的数据，从而完善与知识产权评估相关的数据库，并进一步推进信息共享机制的建立。

（三）制定统一的担保登记制度

我国的动产担保登记制度是以标的物行政归口管理为特征的多元化动产担保登记体系。④ 这种以地方登记、分散登记为特点的动产担保登记制度已广受诟病，统一动产担保登记的呼声一直不断。⑤ 在世界银行集团发布的《全球营商环境报告》中，我国在"获得信贷"指标排名中表现一直不太理想，主要原因在于我国动产担保交易法的架构与国际趋势还有相当差距。分散的动产担

---

① 何敏峰，陈凯. 开辟科技型企业知识产权质押融资渠道——以无锡市专利权质押贷款试点为例［J］. 中国金融，2011（3）：81.

② 于文国. 对农发行发展知识产权质押融资业务的思考［J］. 现代金融，2011（4）：28.

③ 黎四奇. 知识产权质押融资的障碍及其克服［J］. 理论探索，2008（4）：142.

④ 刘萍. 应收账款担保融资创新与监管［M］. 北京：中信出版社，2009：53.

⑤ 吴晓灵. 建立统一的公示制度推动动产融资创新［N］. 金融时报，2013－8－10（3）. 转引自：汪路，金剑锋. 构建动产权属统一登记公示制度［J］. 中国金融，2014（2）：81.

保登记模式与1995年《担保法》立法时的社会经济背景相关。其时考虑到了担保财产行政管理的需要，将登记事务视为行政管理职能，使之与行政管理事务相衔接。但时至今日，这一模式的弊端愈发凸显：其一，分散登记制增加了交易相对人的查询困难。潜在的授信人如欲了解借款人的整体动产担保情况，需向各登记机关查询。其二，地方登记制增加了登记申请人和查询者的登记、查询难度。各担保登记机关主管部门在确定具体登记管辖之时，有的以债务人所在地为据，有的以担保财产所在地为准。就同一担保人而言，担保财产不同，不仅登记机关不同，登记管辖也存重大差异。其三，纸质化的登记系统不仅增加了登记机关的存档成本，而且增加了查询的时间，由于人工的介入，也增加了登记人员的失误几率。这些都危及担保权效力的确保、公示效果的维持及交易安全的保障。因此，我国应当建立统一的基于互联网的电子化动产担保登记系统。在我国目前的社会经济发展现状之下，构建基于互联网的完全电子化登记系统正合时宜。

2017年6月30日，《中华人民共和国中小企业促进法（修订草案二次审议稿）》第19条中指出："国家健全完善动产担保融资制度建设，推动建立全国统一的动产融资登记互联网公示系统，支持金融机构为中小企业提供以应收账款、存货、机器设备等为主要担保品的动产担保融资。"这一规定反映了统一动产融资登记公示制度的趋势，但遗憾的是，最终通过的文本中删去了该条前段的部分规定。①

二、统一知识产权质押评估规则

（一）多方合作

我国《资产评估价值类型指导意见》对以质押为目的的知识产权价值评估只作了原则性规定，而未作明确具体的价值类型规定。商业银行在对知识产权评估价值最终确认时，可以学习日本的做法，对企业价值（企业素质）进

---

① 高圣平. 统一动产融资登记公示制度的建构［J］. 环球法律评论，2017（6）：67.

行二次评价。① 日本开发银行在 2006 年 7 月与美国高登兄弟集团（Gordon Brothers Group）合作，建立了高登兄弟日本公司（Gordon Brothers Japan Co. , Ltd. ），该公司专职负责日本开发银行的相关担保资产的评估和管理工作，包括对于知识产权质押贷款业务中出质知识产权标的之评估、筛选，以及贷后对该知识产权的管理工作。这样做既有利于银行规避风险，也有利于给企业施加压力，促进企业提高其经营水平与营利能力。知识产权质押贷款的蓬勃发展是离不开专业的中介服务机构的。首先，由评估机构对借款人出质的知识产权进行技术状态和经济状态评估，由律师事务所对借款人出质知识产权的法律状态进行评估。随后，商业银行在审查完企业的信用状况后，再根据评估机构和律师事务所的意见发放贷款。同时，由律师事务所拟定专业的质押合同，并由评估机构和律师事务配合资产管理公司进行贷后管理和不良贷款的处理。② 这一系列过程只有由多方中介结构共同合作，其评估结果才可能是科学、严谨的。

（二）多角度探索

根据中国资产评估协会和上海资产评估协会的有关规定，影响无形资产价值的因素主要有法律因素、技术因素、经济因素、政策因素。③ 因此，在对知识产权价值进行评估的时候，也应当对上述多个因素分别进行考量，从而最终得出全面、科学的评估结果。

1. 法律因素

法律因素是知识产权价值评估时需考虑的首要因素，其指的是法律对知识产权的保护与限制状况。将法律因素作为知识产权评估的首要因素，原因在于作为质押对象的知识产权的保护与行使通常应当以合法登记或注册为前提，否则知识产权质押无从谈起，知识产权保护没有法律依据。目前，影响知识产权价值评估考虑因素的指导性文件主要有《资产评估执业准则——无形资产》

---

① 肖侠. 科技型中小企业知识产权质押融资管理对策研究［J］. 科学管理研究，2011（5）：119.
② 徐栋. 中外知识产权质押贷款发展状况研究［J］. 电子知识产权，2009（8）：53.
③ 马伟阳. 知识产权质押融资评估的司法判断［J］. 人民司法，2014（9）：47－49.

《专利资产评估指导意见》《商标资产评估指导意见》及《关于商业银行知识产权质押贷款业务的指导意见》。虽然这些文件不属于法律文件，而属于行业规定或政策规范，但是这些文件所包含的知识产权价值评估的考虑因素对司法实践具有重要指导和参考意义。

根据《资产评估执业准则——无形资产》的规定，影响知识产权价值评估的法律因素具体包括知识产权的法律权属或产权、有效期限、法律保护措施、剩余经济寿命和法定寿命、转让、出资、质押等状况、法律限制等。《专利资产评估指导意见》和《商标资产评估指导意见》则对影响专利权和商标权价值评估的法律因素作出了专门规定。专利权评估价值的法律因素包括专利的权利属性（专利所有权还是专利使用权）、基本状况（专利名称、专利类别、专利申请的国别或者地区、专利申请号或者专利号、专利的法律状态、专利申请日、专利授权日、专利权利要求书所记载的权利要求和专利使用权利）、法律状态（专利申请人或者专利权人及其变更情况、专利所处的审批阶段、年费缴纳情况、专利权的终止的恢复、专利权的质押，以及是否涉及法律诉讼或者处于复审、宣告无效状态）、专利类别、审批情况、专利剩余法定保护期限、专利的保护范围、专利保护与维护现状、权利限制等。影响商标权价值评估的法律因素包括质押的对象（商标专用权还是商标许可权）、商标的基本状况（商标的构成及其显著性、商标的类型、商标取得方式、指定商品或服务及其他相关商标）、法律状况（商标注册人及变更情况、商标续展情况、商标专用权质押情况、商标专用权权属纠纷及涉及诉讼情况等）、权利限制等。①

2. 技术因素

这里的技术因素主要适用于专利领域，是指专利的替代性、先进性、创新性、成熟度、实用性、防御性、垄断性等。根据《专利资产评估指导意见》和《关于商业银行知识产权质押贷款业务的指导意见》的有关规定，影响专利权价值评估的技术因素包括专利的研发过程、技术水平与成熟度、所属领域

---

① 马伟阳. 知识产权质押融资评估的司法判断［J］. 人民司法，2014（9）：47–49.

的技术发展状况、同类技术竞争状况、技术更新速度等。将技术因素作为专利权评估的主要因素，是因为专利的核心价值在于其创造性和新颖性。

3. 经济因素

这里的经济因素是指知识产权的成本因素与营利因素。根据《资产评估执业准则——无形资产》等有关文件的规定，影响知识产权价值评估的经济因素主要有取得与维持成本、目前和历史发展状况、以往的评估与交易情况、类似资产的市场价格、获利能力与获利方式、带来持续经济利益情况、产品生命周期、流通性与稳定性等。[①] 具体到专利权而言，根据《专利资产评估指导意见》的有关规定，影响专利权价值评估的经济因素有专利资产的取得与维护成本、专利缴费、实施现状、获利能力、许可费、以往的评估与交易情况、类似资产的交易价格、未来实施情况与预期收益、知识产权实施的地域范围与领域范围等，也就是指专利的研发费用、申请费用、年费缴纳情况、法律保护与侵权维权费用、获利能力、预期收益等。具体到商标权，根据《商标资产评估指导意见》第18条的规定，影响商标权价值评估的经济因素是指商标注册或取得成本、类似商标近期的市场交易情况、质押商标以往的评估及交易情况、维护方式、效果、成本费用等商标权利维护方面的情况、公众对商标的知晓程度、商标使用的持续时间、商标宣传工作的持续时间、程度和地理范围、商标使用与收益的可能性和方式等。对于著作权而言，其经济因素主要是指作者的声望和作品的质量，即原创性多寡。将经济因素作为知识产权评估的主要因素在于把握知识产权的取得成本、维护费用与营利能力，因为其与市场需求紧密相关，没有市场效益的知识产权一般不会成为知识产权侵权人的目标。

4. 政策因素

根据《资产评估执业准则——无形资产》《专利资产评估指导意见》《商标资产评估指导意见》和《关于商业银行知识产权质押贷款业务的指导意见》等文件的有关规定，这里的政策因素是指国家的宏观经济、产业、科技、文

[①] 郑成思. 论知识产权的评估 [J]. 法律科学，1998（1）：50.

化、区域、贸易、能源、环境保护、财政、税收、信贷、政府采购等政策对知识产权价值未来预期收益的影响。将政策因素作为知识产权评估的重要因素，也在于其价值受政府政策影响有时往往超过其固有价值本身。例如，符合产业政策的技术与不符合产业政策的技术相比，其产品或服务的市场前景和营利能力更好等。

（三）优化评估成员构成，采取严格问责制

知识产权的价值不仅与技术创新程度有关，还与技术的可替代性、核心技术、核心产品、顾客认可度、企业技术经营能力等密切相关，仅靠资产评估师来评估知识产权的市场价值几乎不太可能。建议评估机构在进行知识产权价值评估时建立跨单位、跨部门、跨学科的评估专家团队[①]，专家团队中不仅要有资产评估师，还要有技术专家、市场营销专家、企业经营专家，通过专家团队来提高知识产权评估的准确性、科学性。

此外，应针对评估人员过错行为建立严格的问责机制。虽然大数据、人工智能等新兴技术正蓬勃发展，但对于知识产权价值的评估目前仍主要由人工参与，难免可能发生评估成员在知识产权评估中与企业或银行发生串谋等不良行为。因此，通过承担赔偿责任等规避因评估人员徇私舞弊而损害质押当事人合法权益造成的损害，可以进一步提高评估机构的权威性和评估结果的公信力。

（四）建立有效的知识产权价值评估信息体系

数据和资料搜集是知识产权价值评估得以实施的基础。目前，我国知识产权价值评估大都基于委托方提供的资料，加上长期以来我国的企业会计制度往往从谨慎性原则出发，知识产权的现时价值一直未能在企业会计报表中予以单独列示和反映，造成目前企业提供的许多会计信息资料和统计数据对知识产权价值评估并无较大参考价值，在缺乏相关行业统计资料的基础上，评估结果缺乏公允性。因此，中介机构和行业组织应加强对知识产权交易信息的收集、整理和管理工作，建立知识产权信息数据库；企业要注重有关知识产权资料的归

---

① 肖侠. 科技型中小企业知识产权质押融资管理对策研究［J］. 科学管理研究，2011（5）：119.

档和保管，确保提供有价值的知识产权数据信息；政府也应建立相关制度，促进知识产权价值评估信息系统的建立与完善，做好知识产权价值评估相关的监管工作。[①] 此外，还要加强资产评估机构的硬件建设，在现有的计算机单机运用的基础上，借助互联网，建立起各资产评估机构之间的信息网络，以随时随地进行资产评估信息传递和交流。[②] 探索计算机技术、互联网、大数据、云计算、物联网等信息技术在资产评估领域的运用，逐步改变现有的"人－机"资产评估信息交换模式，通过临时与被评估单位的计算机直接建立连接或临时被授权加入其局域网络系统，尽量减少中间环节，提高资产评估信息的传递速度和准确性。

三、完善知识产权质押风险防控和补偿机制

（一）建立风险共担机制

在"北京模式"中，交通银行北京分行引入了北京市经纬律师事务所、连城资产评估有限公司、北京资和信担保有限公司等中介机构来共同参与运作知识产权质押贷款业务，并各自按比例承担一定的责任和风险。这一大胆而创新的举措极大促进了北京市知识产权质押业务的蓬勃发展。在"杨浦模式"中，杨浦区某一企业在办理 500 万元知识产权质押贷款时，第三方的评估方、担保方和银行分别承担了 5%、85% 和 10% 的风险责任，形成了新的风险分担机制。[③]

从国际上看，国外银行机构多采用知识产权证券化或信托的方式来分散风险，并非直接发放质押贷款，这主要是基于法律上的考虑。由于信托的知识产权与企业破产财产分离，借款企业的破产风险与信托产品是相隔离的，如果借款企业破产，投资者和信托机构的权益能够得到一定的保护。在日本，这一因

---

① 刘红霞. 知识产权质押融资模式运行中的问题及其优化对策研究 ［M］. 北京：经济科学出版社，2015：206.
② 周竺，杨芳. 知识产权质押融资中的价值评估问题新探索 ［J］. 中国资产评估，2018（9）：25.
③ 周丽. 我国知识产权质押融资面临的困境、挑战及对策 ［J］. 电子知识产权，2011（7）：41.

素尤为明显。在知识产权质押贷款模式下，被质押知识产权的所有权仍属于借款企业，根据《日本破产法》《日本公司更生法》《日本民事再生法》等规定，一旦企业出现破产重组，银行对抵押品的留置权和处置权都要中止，银行作为债权人的利益会受到较大不利影响，所以银行更愿意通过信托的方式为企业融资。此外，知识产权证券化和信托中，由于有投资人购买证券化或信托产品，知识产权使用人支付使用费，从法律形式上起到了分散风险的作用。

知识产权质押过程中存在诸多风险问题与相关影响因素，对这些风险进行分解与分布控制是顺利推进我国知识产权质押业务的关键。所谓风险分解与分步控制，就是要将中小企业经营风险与各类知识产权风险分类别、分梯次地分解开来，由相应的机构或部门分别加以把握，分阶段、分步骤地加以管理与控制，分别化解，有效降低因风险集中度过高而导致这种风险转化为现实问题的概率。只有对风险进行有效的分步控制和分散化解，通过主动干预，将各个环节的风险降低到最小限度，才能使其不致对知识产权质押贷款造成实质性影响。具体主要有以下方法。

1. 对申请质押贷款的知识产权项目进行初筛

对知识产权质押贷款项目申报实行属地管理，由中小企业所在地的有关主管部门（如知识产权部门或科技部门）征集项目，并对申报质押贷款的中小企业资信情况进行初步筛查，推荐其中无不良记录、资信较好的中小企业的知识产权项目，作为知识产权质押贷款的入围项目，供银行和专业评价机构进行下一步的分项评价。在这一环节中，由于所在地有关主管部门对于其管辖下的中小企业的自主创新、市场开发、生产管理、资金流转等发展情况、资信情况、项目经济前景较为了解，依此进行初步筛选，就可以滤除掉一定数量的有经营风险的中小企业申报的项目，从而在一定程度上初步控制了资信不良的中小企业拖欠偿还贷款给知识产权质押贷款带来的风险。

2. 由知识产权法律机构事前进行权属关系调查

在银行贷款之前，为了使出质的知识产权权属清晰，滤除权属不确定因素，规避因权属不清和后续可能发生的权属纠纷对知识产权质押贷款产生实质性影响，为知识产权质押贷款的顺利进行扫清障碍，就有必要由知识产权专业法律机构事前对申报项目进行知识产权权属关系调查和专项评价，在确认知识产权权属清晰无误后，再建议进行下面的质押贷款操作程序。

3. 由知识产权专业服务机构对项目的侵权风险进行综合判断

申报质押贷款的项目出现知识产权侵权问题，将会给知识产权质押贷款整个进程带来致命性影响。因此，事前进行较为全面的知识产权文献检索和深入准确的侵权分析，对申请给予贷款支持的申报项目进行知识产权侵权风险的综合判断和风险评价就显得特别重要。这个环节的工作理当由实务操作经验丰富的知识产权专业服务机构来承担。服务机构帮助滤除具有一定侵权风险的申报项目，有助于保障知识产权质押贷款的安全运行。

交叉专利的问题、与其他在先权利发生抵触，必然会影响知识产权质押贷款的顺利进行。由知识产权专业服务机构通过专利等知识产权文献检索手段，尽可能查找出与申报质押贷款的知识产权相冲突的在先权利，对申报项目进行与在先知识产权相冲突的风险评价，并制定相关规避措施，对于顺利推进知识产权质押贷款专项工作十分必要。

4. 对申报项目进行经济前景论证和运行状况考察

为了进一步把握申报质押贷款的知识产权项目的实际运行情况，对其经济前景增强信心，提供知识产权质押贷款的银行方面有必要组织专项小组进入中小企业，对其申报质押贷款的知识产权项目的运行情况进行实地考察，现场亲历拥有知识产权的技术产品或知识产品的生产过程和主要环节的运转情况，并组织有关专家和专业人士就申报项目的经济前景进行论证和综合分析，对运行状况良好抑或知识含量高、有广阔经济前景的知识产权项目发放知识产权质押贷款，对考察或论证中发现存在瑕疵的项目则暂缓或停止配备相应数额的知识产权质押贷款。这样，在最后一个环节确保了知识产权质押贷款的合理、安全发放。①

---

① 张伯友. 知识产权质押融资的风险分解与分步控制［J］. 知识产权，2009（2）：33–34.

（二）成立政策性知识产权质押保险机构

针对知识产权质押中的困境，化解金融企业在开展知识产权质押中承担的风险，我国应当设立政策性知识产权质押保险机构，当企业到期不能偿债，金融机构通过处置质押物未能充分实现债权时，由该保险机构给予未实现债权的补偿，也即政策性保险。政策性保险是一种特殊的保险，经营政策性保险的保险公司或商业保险机构由国家财政直接投资或国家委托独家代办，不以营利为目的，更重要的是为了体现国家政策，如产业政策、国际贸易等。这类保险所投保的风险一般损失程度较高，但出于政策性考虑而收取较低的保费，若经营者发生亏损，国家财政将给予补偿。知识产权融资保险推广可能会面临保险意识不足和知识产权风险承担能力相对较弱的双重尴尬局面，以营利为目的的保险公司更是不会轻易涉足这样一个尚待成熟的领域。商业保险公司的商业性决定了它为了自身的经济效益，缺乏积极的发展知识产权保险的动力，因此需要政府力量的介入。如果没有政府的政策性干预，知识产权融资保险市场很难推广，一旦开展也很容易发生萎缩。① 知识产权质押业务的开展是一个渐进的过程，在发展初期，全国的业务量都不会很多，只有进行全国范围的统一保险，才能发挥"大数法则"的作用，维持保险机构的市场化存续。全国的知识产权质押保险的基数足够大，可以有效降低保险的商业风险。② 因此，可行的模式为由国家牵头设立知识产权保险政策性公司，保险基金部分来源于国家财政注入，部分来源于企业或银行对知识产权的投保。当科技型中小企业发生偿债风险时，对于银行在对知识产权质押物变现后未补偿的损失，政策性保险公司随即对银行的损失进行理赔。③

（三）创新担保方式

知识产权质押的传统方式主要是以单一的专利权、商标权等知识产权来担保，而目前实践中出现了利用知识产权与实物进行共同担保的方式，主要有以

---

① 周丽. 我国知识产权质押融资面临的困境、挑战及对策 [J]. 电子知识产权, 2011 (7)：42.

② 宋伟, 胡海洋. 知识产权质押贷款风险分散机制研究 [J]. 知识产权, 2009 (4)：77.

③ 肖侠. 科技型中小企业知识产权质押融资管理对策研究 [J]. 科学管理研究, 2011 (5)：120.

下几种模式：一是"质押+保证"，即除了知识产权质押以外，担保公司还提供保证。贷款出现逾期，由担保公司代偿银行贷款，在约定的期限内，担保公司负责对授信客户进行催收或对质物进行处置。二是"质押+抵押"，银行另外要求贷款企业提供不动产抵押，发生违约时，银行通过处置抵押物和质押物收回贷款。当然，这一种模式对于新兴的中小企业而言适用的空间并不大。三是与政府专项担保基金结合，如成都银行采取与成都市科技局下属单位——成都市生产力促进中心（以下简称"中心"）合作推进的模式。中心设立总额为4000万元的知识产权质押专项担保基金，成都银行按1：3的比例提供1.2亿元贷款授信额度，借款人将所拥有的知识产权质押给中心，由中心为贷款企业提供担保。如贷款产生风险，由银行承担10%的损失，中心承担90%。

此外，我国也可以尝试构建集合财产担保制度。包含有知识产权担保的集合财产担保模式在很大程度上可以克服贷款人对知识产权质押信心不足的问题，这主要是因为：集合财产担保是一种类似于英美法系的"浮动担保"，它是以借款人现有的或将来取得的全部有形或无形资产为担保，专为贷款人的利益而设定的一种物权担保。① 这种集合式的担保方式较单一知识产权担保方式而言优势明显：首先，集合式的担保财产远远大于知识产权、品牌或商誉等单个财产价值的简单相加，如品牌、经营权、声誉、知识产权，它们一旦与生产条件结合，就具有远比分别单独转让高得多的使用价值。其次，以集合财产作为担保，债权人可以对集合财产进行利用，这在一定程度上提升了社会整体资源、商业资源的利用率。例如，相较于单独质押商标权，将经营权与商标权共同质押更便于质权人对质押的无形财产进行高效利用。再次，质权人还可以将集合财产进行整体处置，而整体处置的价值要比拆散后处置的价值要高。最后，也正是由于集合财产价值较高，即便最终债务人无法清偿债务，债权人选择转让集合财产时也更容易找到受让人。

综上，集合财产担保能极大地弥补单一财产担保存在的不足，从实质上解决知识产权的资产无形性及价值不确定性问题，从而使其具有现实的可操作性。尽管我国《担保法》已规定了"最高额抵押"，但这毕竟不是对集合财产

---

① 姚梅镇. 国际经济法概论［M］. 武汉：武汉大学出版社，1999：537.

担保制度的规定。因为前者是指在最高限额内，为担保一定范围的不特定债权，而在特定的不动产上设定的抵押权。① 如果说以知识产权质押推动和加速商业银行的放款是我国倡导这种担保方式的初衷的话，那么，无论是从投资风险的组合出发，还是从其可操作性出发，都有必要在相关法律制度中引入集合财产担保之规定。②

四、加快搭建知识产权质押交易平台

早在 2007 年 12 月 6 日，国家发展和改革委员会、科学技术部、财政部、原国家工商行政管理总局、国家版权局、国家知识产权局就曾联合印发《建立和完善知识产权交易市场的指导意见》，旨在促进知识产权交易市场规范发展，构建市场主导与政府推动相结合、重点布局与协调发展相结合的多层次知识产权交易市场体系。10 多年来，我国知识产权交易市场体系已具雏形，交易品种不断增加，交易额和交易量逐步上升，对推动知识产权流转发挥了积极作用。但总体而言，我国知识产权交易平台的运作尚不成熟，存在市场主导力度有限、市场定位不明确、服务对象不清晰、交易方式单一、市场规模不足、竞争无序化、运营同质化、成果转化率较低等问题③，严重影响和制约了知识产权交易市场功能的发挥。

（一）坚持市场主导与政府推动相结合

加强我国知识产权交易平台建设，一方面要坚持"市场主导"。首先，处理好政府和市场的关系是经济体制改革的核心问题，要使市场在资源配置中起决定性作用和更好地发挥政府作用。这一改革导向对于我国知识产权交易市场而言也不例外。其次，从我国知识产权交易市场的建设态势来看，经过 10 余年实践，我国知识产权交易市场建设已总体形成量质并进的多层次市场体系，其市场化运行水平也已达到一定程度，为"市场主导"夯实了较好的基础。

---

① 陈本寒. 担保物权法比较研究 [M]. 武汉：武汉大学出版社，2004：262.
② 黎四奇. 知识产权质押融资的障碍及其克服 [J]. 理论探索，2008（4）：142.
③ 陈蕾，徐琪. 知识产权交易市场建设态势与路径找寻 [J]. 改革，2018（5）：120.

另一方面，中国特色知识产权交易市场建设离不开政府推动。[①] 鉴于我国知识产权交易市场当前存在无序竞争、有限成效及风险隐患，政府应采取多种措施推动市场的良性发育，为更好地发挥市场机制的作用创造条件，并鼓励更多企业与非营利组织共同参与市场建设，通过政策或资金支持，加强对中介机构资质的认定，构建中介机构信誉评价标准体系，营造知识产权文化氛围。

现阶段，我国知识产权交易市场中的政府角色应重点从以下方面予以强化：一是作为知识产权法律制度的制定者，继续加强立法司法，提供法律保障，包括进一步修订现行法律法规，强化知识产权交易市场的法律地位，促进知识产权转化交易的公平公正。二是作为知识产权战略决策的制定者，继续完善配套政策，提供政策保障。基于国家总体目标，知识产权交易市场配套政策应进一步增加财政税收优惠激励手段，加大研究开发投入和创新奖励力度，加快培育知识产权运营试点企业，合理制定市场主体管理规则，以激发知识产权交易市场活力，建立有序的知识产权市场秩序，减少知识产权交易风险隐患，提升知识产权交易市场公信力。三是作为知识产权市场秩序的维护者，推行政统一管理，提供组织保障。鉴于我国从中央到地方，专利权、商标权、版权、植物新品种、地理标志等不同知识产权分属不同部门管理并自成体系，条块分割、合力有限，且存在局部重复建设导致的低效现象，建议通过国家知识产权局的重新组建降低成本、提高效率，对知识产权管理工作进行统筹与协作，实现知识产权交易市场资源的有效配置和合理布局。四是作为知识产权公共物品的生产者，健全社会服务体系，提供环境保障，包括加强知识产权公共信息云平台建设，免费或低成本向社会开放数据库，推进知识产权交易全过程电子化，打造知识产权交易信用平台体系，健全知识产权价值评估服务体系。[②]

---

① 杨建峰，张磊. 知识产权交易市场发展的国际经验及对我国的启示 [J]. 科技进步与对策，2013 (19)：8.
② 陈蕾，徐琪. 知识产权交易市场建设态势与路径找寻 [J]. 改革，2018 (5)：128–129.

（二）强化知识产权交易平台审查制度

1. 强化知识产权交易主体的审查制度

以提供知识产权的供给方为例，从一些交易平台实际运行的情形看，存在少数供给方不守诚信的案例，甚至于在进入交易平台之前就不怀好意，企图利用平台进行欺诈。平台的建立者、运营者自然十分反感这样的提供方，需求方也对这样的供给方深恶痛绝。因此，要通过前置主体资质审查、设立交易过程中的诚信档案、交易后资质评估等手段予以规制。例如，各大交易平台可以考虑制定用于融资的知识产权最低标准，只有达到相应标准的知识产权才能用于质押融资。制定标准应该考量的因素包括该知识产权是否已通过审查或者核准注册、贷款期限是否短于该知识产权剩余有效期或保护期以及企业经营情况、产权法律状态、经营者素质和公司信誉度，甚至包括企业法人乃至高层管理人员的基本情况等。也有人提出平台可以制定更高的标准（如该知识产权具有先进性，该企业运营状况良好，具有一定竞争力，企业定期进行了知识产权自查并检查合格等），便于银行根据这些标准来划分质押物价值等级和风险等级，并基于此考虑是否放款和放款额度。① 对于需求方，也同样存在着少量的不守诚信者，需要通过类似的方法予以应对，进而维护平台的交易安全。

2. 强化知识产权资源的审查机制

作为服务创新、创业的专业性交易平台，平台方、供给方、需求方所面对的交易标的就是知识产权，而参与交易的知识产权要素也存在着虚假与否、高低上下、市场前景如何等问题。例如，有些已经过时的或者高能耗、高污染的技术成果，非常善于以知识产权为名，期望身价百倍。在这种情况下，如果不加以甄别，就会坑害需求方。为此，作为平台方，要真正建立起知识产权的审查体系，通过检索、比对和建档，过滤掉不符合市场交易规范的所谓"知识产权"，净化平台

---

① 张婷，卢颖. 科技型中小企业知识产权质押融资的困境及完善路径［J］. 金融与经济，2016（11）：66.

的交易环境。

3. 强化知识产权交易平台的自身管理与服务

"互联网＋"条件下的技术和知识产权交易平台方不能走早期阶段的一般化、粗放式管理老路，而要采取现代管理手段推动平台的高效运转，维护涉及各方的交易安全①，包括：进行较为科学的交易规则体系的设计和执行；致力于基于大数据的信息化管理，同时兼顾供给方、需求方个性化的小数据管理；做好经纪人员队伍管理；做好交易资金流的管理；开展简单纠纷的调解；提供全流程优质服务等。

（三）发展多种知识产权交易模式

1. U2B 模式

美国、英国的知识产权交易平台商务模式多样，拥有多种交易模式，使得知识产权的社会效用极度提高，从而实现了知识产权资源的充分整合。如UTEK 公司采用的商业模式是 U2B 模式，该模式中，公司首先识别相关企业的技术需求，带着需求去大学、政府资助的研究实验室寻找能满足客户需求并有市场前景的新技术，然后与客户和大学或实验室谈判，最终达成客户得到技术、大学或实验室得到技术授权费、UTEK 获得客户股份的目的。② 美国、英国的这些商业模式使得知识产权市场转化过程更为复杂，但却增加了知识产权的价值，丰富知识产权交易的方式，使得知识产权得以充分开发，值得我国借鉴。

2. 交易集成模式

交易集成模式是一种交易平台不仅能够提供相应的交易撮合服务，还能集成中介机构的配套服务的知识产权交易模式，配套服务包括提供与知识产权交

---

① 王智源. 关于技术和知识产权交易平台建设的对策建议 [J]. 产权导刊, 2016 (2)：44.
② 徐佳. 国外知识产权交易平台建设经验的启示 [J]. 现代经济信息, 2014 (16)：358.

易相关的评估审计招标中介服务，以及后续的顾问、技术指导、银行融资、设立新公司等相关服务。[①] 例如，新加坡知识产权交易中介机构不仅提供知识产权交易服务，还提供培养企业知识产权交易能力的系统化培训服务，培训内容包括提高企业对知识产权价值的认识，培养知识产权资产管理能力，加强中小企业知识产权管理计划的实施等，培训对象涉及企业员工、高管人员等。通过培训，更多的新加坡企业开始关注并参与到国际知识产权交易市场中来。[②] 和传统单一的交易模式不同，交易集成模式下的知识产权交易平台强调交易主体的深层结合，要求交易客体高度集成，从而形成更加高端的交易体系。

小　　结

知识产权质押在知识产权经济中占据不可或缺的地位，它是实现知识产权价值和促进资金融通的一种重要方式，也是知识产权价值转化的重要形式，在推动产业结构调整过程中发挥重要作用。进一步健全知识产权质押法律体系，建立科学统一的知识产权评估规则，完善知识产权质押风险控制与补偿机制，加强知识产权交易平台和机制建设，同时积极创新知识产权质押模式，对知识产权资产价值转化具有重要意义，是知识产权运用中的关键一环。

---

① 屠强. 基于知识产权交易平台建设研究 [J]. 科技展望, 2016 (26)：281.
② 杨建峰，张磊. 知识产权交易市场发展的国际经验及对我国的启示 [J]. 科技进步与对策，2013（19）：7.

附录　论专利权出质的可重复性[*]

专利的价值在于利用。目前我国《专利法》对专利权重复出质并无规定，不仅影响到专利担保价值的充分实现，也成为制约专利质押制度构建的最薄弱一环。本文拟从研究专利权重复出质的中外具体法律规定出发，探析专利权重复出质的实质内涵以及设定专利权重复出质的几点益处，从整体上系统地创建专利权重复出质的运用规则，为我国《专利法》第四次修订提供有益参考。

一、问题的提出

目前，我国《专利法》未就专利权出质作出具体规定。对专利权出质，散见于其他法律法规之中。[①] 为更好地实现专利价值，促进专利的实施与运用，《专利法》第四次修改建议稿中新增第 83 条，明确将专利权出质纳入修改法案，并进一步厘定质权人权益[②]，专利权出质真正名正言顺。但是对构建系统的专利质押制度而言，专利重复出质是不可或缺的一环，从规定专利权出质的实质目的论，对专利权重复出质的研究直接关系到专利价值的有效利用与

---

[*] 本文首发于《中国发明与专利》2016 年第 5 期。

[①] 我国《担保法》第 79 条规定："以依法可以转让的商标专用权、专利权、著作权中的财产权出质的，出质人与质权人应当订立书面合同，并向其管理部门办理出质登记。质押合同自登记之日起生效。"《物权法》第 223 条规定，"债务人或者第三人有权处分的下列权利可以出质：……（五）可以转让的注册商标专用权、专利权、著作权等知识产权中的财产权……"。《专利法实施细则》第 14 条则规定，"以专利权出质的，由出质人和质权人共同向国务院专利行政部门办理出质登记"。

[②] 《专利法》第四次修改建议稿第 83 条规定："为规范专利质押行为，规定以专利权出质的，由出质人和质权人共同向国务院专利行政部门办理出质登记，质权自登记之日起生效。质押期间，被质押的专利权价值明显减少时，质权人可以要求出质人另行提供担保或者增加担保物；出质人不另行提供担保的，质权人可以处置该被质押的专利权。"

进一步转化，是关键的一环。然而法律中并没有就此作出规定，修改建议稿中也未明晰。在新修订的《专利法》中，明确专利权能否重复出质，对推动专利担保价值的充分实现具有重要意义。

二、专利权重复出质的定义

对专利权重复出质的解释，目前学界主要有两种不同的观点。一种观点认为"所谓专利权重复出质，是指相关权利出质后，其价值超过被担保债权额部分，被出质人用来对其他债权人债权设定担保的行为"[1]。这种观点对专利权重复出质给以肯定，但认为"仅限于被出质的专利权价值超过被担保债权额的部分"能够重复出质。另一种观点认为"重复出质，是指出质人将其同一专利权中的同一项或多项财产权出质给两个以上的债权人"[2]，认为同一专利权中的同一项或多项财产权可以同时分别出质，并无其他限定。

笔者认为，首先，对专利权重复出质的设定，主要目的在于促进专利的实施与运用。如果将能够重复出质的部分仅限于"价值超过被担保债权额"的部分，在权利质押过程中，很难达到百分之百恰好将专利权所有价值全部出质，专利价值难以完全实现。其次，专利权价值评估难度较大。它的价值随着科技的进步、专利相关市场的变化、相关专利技术的成熟而不断发生变化，而且受专利无形性特点制约，对专利价值的评估专业性要求很高，因此实践中难以准确判断出哪部分价值属于"超过被担保债权额的部分"。最后，质押与抵押的根本区别，在于是否需要移转物的占有。对专利权出质来说，只需登记，并不存在移转占有的情形，因此可以适当参考我国关于设定重复抵押的规定。无论是《担保法》还是《物权法》都明确规定，针对同一项财产，可以进行重复抵押。例如我国《担保法》第35条规定："抵押人所担保的债权不得超出其抵押物的价值。财产抵押后，该财产的价值大于所担保债权的余额部分，可以再次抵押，但不得超出其余额部分。"该规定表示能够重复抵押的财产仅

---

① 韩赤风，张兆勇. 瑞典专利质押制度及其借鉴［J］. 知识产权，2015（10）：137.
② 高圣平. 著作权出质登记若干问题［J］. 法学，2010（6）：79.

限于所担保债权的余额部分,看似与第一种观点相契合,但最高人民法院《关于适用〈中华人民共和国担保法〉若干问题的解释》对《担保法》的上述规定进行了修正,其第 51 条规定:"抵押人所担保的债权超出其抵押物价值的,超出的部分不具有优先受偿的效力。"从该司法解释来看,它明确承认对同一财产可以重复抵押,而且重复抵押的部分并不限于"财产的价值大于所担保债权的余额部分",只是对超出部分规定不具有优先受偿的效力而已。我国《物权法》中也有类似规定①,它对受偿的先后顺序作了进一步明确。

三、我国对专利权重复出质的具体规定

对专利权能否重复出质,我国《物权法》和《专利法》中并没有作出明确规定。关于专利权重复出质的规定,主要见于一些行政法规或实施细则中。

(一)《如何办理专利权质押合同登记》

早在 1996 年,国家知识产权局出台的《如何办理专利权质押合同登记》中明确指出:"关于专利权是否能重复质押,我国民法通则、担保法和专利法中都没有作出明确规定。考虑到专利权质押的特殊性,在目前条件下专利权不可以重复质押。"其认为:"就专利权本身而言,只能作为一个整体而不宜分别将制造权、使用权、销售权、进口权进行转让,而且一旦出质,质权人即取得了对质物的支配权利,除非质权人同意,出质人即不得转让或许可他人使用,在这种情况下该专利权已不能再作质物去担保另一个债权的实现。"

这一观点并不正确。对专利权出质,并不是为了移转对专利权的使用,而是为了确保债权人对专利权变价款的优先受偿。出质人对质物专利权的支配,应体现为对其交换价值的支配,而非对使用价值的现实支配。② 质权的目的在于对物交换价值的取得,而并不在于对物的实际使用。

---

① 《物权法》第 199 条规定:"同一财产向两个以上债权人抵押的,拍卖、变卖抵押财产所得的价款依照下列规定清偿:(一)抵押权已登记的,按照登记的先后顺序清偿;顺序相同的,按照债权比例清偿;(二)抵押权已登记的先于未登记的受偿;(三)抵押权未登记的,按照债权比例清偿。"

② 高圣平. 著作权出质登记若干问题 [J]. 法学,2010 (6):79.

（二）《关于专利权质押合同登记的几点说明》

中国专利局专利工作管理部专利市场处在《关于专利权质押合同登记的几点说明》中明确"在目前条件下专利权不可以重复质押"，"除非另有约定，出质人不能将已出质的专利权重复质押给其他债权人"。

该说明进一步明确了专利权不能重复出质。但提出了一个例外，即"当事人另有约定除外"。然而在现实情况中，当事人另有约定的情况是极少的，为了确保自己能够对专利权变价款绝对受偿，极少有人愿意将出质给自己的专利权再行出质给第三人。第三人在明知专利权已出质给他人的情况下，也不同意出质人就同一专利权再行出质给自己。

所以，不论从具体规定还是实际操作角度来说，专利权重复出质在我国一般不被专利权质押主管机关所认可。

（三）我国台湾地区关于专利的相关规定

2011 年我国台湾地区新出台的关于专利的相关规定："发明专利权人为担保数债权，就同一专利权设定数质权者，其次序依登记之先后定之"。其目的是充分发挥专利权之交易价值，明确规定同一专利权可设定复数质权。①

与大陆规定不同，台湾地区允许专利权重复出质，而且在有关条款中明确，对于同一专利权上设定的多个质权，应按照其登记的先后顺序受偿。比较显而易见的是，台湾地区更注重专利权交易价值的利用与实现，而且设定了相关规则，保障专利权重复出质规则得以在地区内真正运用并实现。

四、国外对专利权重复出质的法律规定

为促进专利的开发与运用，支持和鼓励发明创造，最大限度地实现专利交换价值，绝大多数发达国家出于现实考虑与实际需要，均在本国法中以各种形

---

① 谢黎伟. 知识产权担保融资国际立法的新趋势 [J]. 海峡法学，2012（4）：65.

式允许专利权重复出质，并设定相关规则，确保专利权重复出质规则的落实，创造经济价值。

（一）瑞典

1987 年瑞典议会经过表决通过的第 1330 号《专利法》第五次修改案第 95 条第 3 款规定："如果同一专利权或专利申请分别向数人出质，除非另有规定，专利局最先收到登记申请的质押具有优先效力。"第 4 款规定："如果数项质押的登记申请同日向专利局提出，除非另有约定，应按质押的先后顺序确定其优先效力。如果质押合同同日订立或无法确定质押的先后顺序，数项质押应具有同等效力。"① 该国明确规定专利权可以重复出质，而且区分了不同质权之间的优先效力。对重复出质的规定，既有效激励了专利权所有人不断研发新技术，又保护了在先质权人的利益，使市场融资交易变得更为便利，同时缓解了该国当年的财政赤字危机，加快了经济结构调整的步伐，促进了经济的良性有序发展。

（二）日本

对专利权重复出质的规定，主要在《日本民法典》中得以体现。《日本民法典》在第 335 条中明确规定："为担保数个债权，而就同一动产设定质权时，其质权的顺位依设定的先后而定。"② 在《日本专利法》中主要对专利实施权出质予以规定。知识产权作为民事财产权利的一个类型，与传统民事财产权利没有本质的区别③。其他在民事财产权利上制定的规则对知识产权同样适用。在《日本民法典》中，明确规定为担保数个债权需要，可以就同一动产设定多个质权，该条对知识产权中的专利权同样适用，可对同一专利权这一无

---

① 《十二国专利法》翻译组. 十二国专利法［M］. 北京：清华大学出版社，2013：514.

② 《日本专利法》第 77 条规定，"特许权所有者可设立有关特许权之独占实施权。独占实施权所有者唯有取得特许权所有者的允许，方可设立有关其独占实施权的质权和向他人许诺普通实施权"。第 96 条规定，"以特许权、独占实施权及普通实施权为目的之质权，可对特许权，独占实施权或普通实施权的等价报酬以及对发明特许权所有者或独占实施权所有者由于实施特许发明而应得的金钱和其它物品履行权利"。

③ 刘春田. 知识产权作为第一财产权利是民法学上的一个发现［J］. 知识产权，2015（10）：5.

形财产设定多个质权，即认可专利权可重复出质。

（三）美国

在美国无专利权质押一说，专利权只能作为担保权益的客体，适用动产抵押的规定。根据《美国统一商法典》第9-102条第1款的规定，动产分为：物品；准无体财产，包括证券、动产执据、权状等；无体财产，包括著作权和专利权，应收账款等权利。专利权属于无外在形体的权利，不能转移占有，不能设定质押。根据《美国统一商法典》第9-105条和第9-106条的规定①，担保物可被划分为货物、有价证券和无形财产权利，由此可知专利权可以作为担保权益的客体，这种担保不是质押，而是抵押。对于抵押而言，对抵押物可进行重复抵押，这一点不容置疑。也就是说，专利权在美国作为担保权益的客体，适用重复抵押的规则。

五、我国设定专利权重复出质的几点益处

（一）符合法理

在《担保法》或《物权法》中，使用专利权的价值来担保债务的履行仍为质押，这一点毋庸置疑。从质押的性质来看，并不存在重复质押的问题。这是因为质押必须转移质物交付质权人占有，既然占有发生转移，也就不存在同一财产重复出质问题。但对专利来说，专利的非物质性、无形性特点决定了不同的民事主体在不同的地域空间内可以针对同一项专利无拘束地使用，而并不要求在同一地点把专利权进行交付转移之后方可使用。也就是说，对专利权的重复出质不能简单照搬动产质押的规定，专利权作为无形财产，它的再次出质并不需要占有发生移转就可完全实现。

我国《专利法》也没有明确禁止专利重复出质。知识产权作为一种私权，

---

① 《美国统一商法典》第9-105条第1款规定，"除上下文另有所指外，在本篇中，'账债债务人'指承担账债、动产契据或一般无形财产项下之债务的人……"。第9-106条定义，"一般无形财产"指"除货物、账债、动产契据、所有权凭证、票据和金钱之外的任何动产（包括诉物权）"。

专利权人对其依法所有的专利权应当具有处分权，包括将自己的权利重复出质的权利。是否实施与接受专利重复出质，应当是私法主体之间的一种判断和交易，不涉及公共利益。①

（二）契合专利法宗旨

专利法的实施旨在鼓励发明创造，提高创新能力，促进科学技术进步和经济社会发展，而鼓励发明创造最重要的手段是经济利益的刺激。

对专利权重复出质的出质人而言，重复出质能够充分发挥专利的担保价值作用，从市场上获取更多资金，实现物尽其用，并且在资金充足的情况下，能更进一步刺激其加快技术的研发以及新技术在市场上的推广运用，对市场经济的繁荣也能起到一定程度上的推进作用。而对接受重复出质的质权人而言，专利权质权必须由国家知识产权局登记后方可生效，被出质的专利权法律状态可以通过查阅专利登记簿获取，从而避免交易上的损失，亦可避免市场资源的浪费，真正确保专利权质押制度发挥作用。

（三）充分实现专利权的交换价值

对专利权重复出质而言，实行先登记优先受偿规则。如果出质人履行了首次登记的质权人全部债务，则第二顺位质权人对被出质的专利权价值就存在实现的可能。如果出质人对第一顺位债权人只完成了部分债务的履行，则在专利权变价后，先对第一顺位债权人剩余债务进行清偿，之后的专利权剩余价值即可用来清偿在后质权人债务。即使出质人在先并未履行第一顺位债权人任何债务，只要专利权价值在优先清偿第一顺位债权人债务后仍有剩余，其变价款即可用来供在后质权人实现其质权。

这就意味着，设定专利权重复出质，能够使依附在专利权上的交换价值在市场上得以充分实现。

综上，对专利权重复出质予以禁止性规定，实无必要。

---

① 韩赤风，张兆勇. 瑞典专利质押制度及其借鉴［J］. 知识产权，2015（10）：140.

六、对重复出质规则构建的几点建议

(一) 明确专利可以重复出质

专利权质押在知识产权经济中占据不可或缺的地位。它是实现专利权价值和促进资金融通的一种重要方式，也是知识产权运用的重要形式，在推动产业结构调整过程中发挥重要作用。而对重复出质的规定，不仅对专利权交换价值的充分实现具有重要意义，也是构建系统的专利权质押制度不可或缺的重要一环。根据专利价值的大小，质权人接受专利权重复出质，应视为对交易风险的接受，法律自无干涉的必要。而且纵观一些技术领先的国家，均在国内法中对专利权重复出质以各种形式进行了相关规定。因此，我国《专利法》修改应当允许专利权重复出质，赋予发明人更多的选择自由与交易自由，最大化地促进资金融通。

(二) 明确先登记优先受偿规则

出质人将其同一专利权中的同一项或多项财产权出质给两个以上的债权人，在出质人无法全部履行债务时，应根据登记先后确立受偿顺序。

专利权质权的设立，以在国家知识产权局登记为生效要件。依登记先后确立竞存权利之间的优先顺位是基本原则，同时参考我国关于重复抵押清偿顺序的规定，于同一专利权之上竞存的质权，登记在先的专利权质权先于设定在后的专利权质权就专利权变价款受偿。

(三) 明确孳息按照优先顺位规则收取

《物权法》第 213 条规定了质权人收取质物孳息的权利。当质权人为一人时，孳息一经产生，即由该质权人收取。[①] 当质权人为多人时，权利产生的孳

---

① 《物权法》第 213 条规定："质权人有权收取质押财产的孳息，但合同另有约定的除外。前款规定的孳息应当先充抵收取孳息的费用。"

息应由何人收取，《物权法》对此并无相关规定。就这一问题，比较法中也无现成制度可以借鉴。而专利权重复出质时孳息的收取方式主要有以下三种：优先顺位规则收取、共同收取或者由质权人推选出代表收取。笔者认为，从给予交易最大程度便利的角度看，按照优先顺位规则收取比较适宜，但收取的孳息部分应作为专利权变价款，属于出质人支付债务的一部分。

七、结语

《专利法》的制定和施行旨在保护专利权人的合法权益，鼓励发明创造，提高技术创新能力。我国目前对专利权重复出质持否定态度，并不能满足专利质押高效便捷的需求，也不利于技术的创新，一定程度上限制了融资交易市场的发展。在《专利法》第四次修改案中，应当明确专利权能够重复出质，如此，不仅有利于发挥无形财产权的担保功能，充分实现专利权的交换价值，而且能在更大程度上发挥市场的调节作用，赋予权利人更多的选择自由。

第三章　知识产权托管

21世纪，人类步入"智识经济"时代，知识产权的发展程度已成为衡量一个国家综合国力的重要指标。对企业而言，企业的发展活力和市场竞争力与知识产权在其资产中所占的比例正相关。换言之，企业要在同产业内维持强劲的竞争优势，就必须抓住知识产权这一关键要素，不断加强研发投入，从而获得知识产权的积累。

2008年以前，虽然我国加入了伯尔尼公约、TRIPS协议等与知识产权相关的国际条约，并且先后出台了一系列知识产权法律法规，但相较于欧美国家的知识产权发展水平，我国知识产权发展依然面临根基薄弱的窘境。大量的案例与事实表明，无论在国际市场还是国内市场，我国企业屡屡遭遇商标被抢注、专利壁垒等问题。究其原因，在于当时我国企业的知识产权保护意识不强、观念落后：一方面，企业对自己的智力劳动成果不够重视，只关注科研成果，忽略专利的申请及获得，既没有意识到知识产权的重要性，也不懂得创造和积累企业自身的无形资产，知识产权观念落后；另一方面，企业不尊重其他权利人的知识产权，对知识产权侵权明知故犯，存在侥幸心理，导致我国知识产权维权纠纷案件数量成病态式发展。

2008年以后，国家知识产权战略在全国实施，知识产权保护得到增强，知识产权运营作为战略重点之一广泛开展。但当国内企业越发意识到知识产权的重要性时，又不得不面临另一难题，即高端人才的稀缺。现代知识产权制度不仅庞大复杂，且不断变革，融合了经济、文化、科技、法律等多个领域，覆盖了专利、商标、版权、商业秘密等多个种类，运营知识产权不仅需要了解诸多领域，还必须能够制定知识产权战略，具有国际视野。目前这样的高端人才奇缺，企业往往很难招聘到，而如果企业选择自己培养，又需耗费大量的时间与人力物力。在此情况下，学界率先提出了"知识产权托管"这一别具特色的知识产权管理服务模式，不仅突破了传统的知识产权运营方式，而且对传统的信托理论进行了发展与创新。通过政府、企业、中介服务机构等多方主体的参与，克服了传统知识产权保护和运营方式的不足，将知识产权从静态的财产权转变为动态的流转。之后，许多省、市、自治区在国家知识产权局及地方知识产权局的政策引导下，逐渐开展了知识产权托管工程，市场上很多专利代理机构及律师事务所也开始从事知识产权托管业务。

实践证明，知识产权托管是企业快速发展的有效手段，许多机构在这方面取得了成功经验，大部分企业也在知识产权管理、申请、维权等方面取得了很好的成绩，如花为媒家具、三源小家电、汉山锁业等经由知识产权托管服务，不断成长壮大，成为中国驰名商标企业或知名企业等。[①] 知识产权托管不仅为企业知识产权发展局促的局面提供了解决方案，对提升我国知识产权发展水平、推动知识产权强国战略的实现同样具有重要意义。

第一节　知识产权托管的理论范畴

"托管"这一概念起源于信托。信托是指委托人基于对受托人的信任，将其财产权委托给受托人，由受托人按委托人的意愿并以自己的名义为受益人的利益或特定目的进行管理和处分的行为。托管是一种特殊的信托形式，是对信托范畴的延伸和发展。要探讨知识产权托管制度，必须先厘清"知识产权托管"这一概念的理论范畴。

一、知识产权托管界说

托管，即委托管理。"托"指的是委托，委托关系是基于委托人与受托人

---

① 代月强. 知识产权托管：企业走向成功的通道［J］. 发明与创新（综合版），2008（7）：39.

的约定，由受托人处置委托人委托事务的民事法律关系；"管"是管理，指的是受托人根据委托人的委托管理、处置委托人的相关事务。因此，托管是指以委托人和受托人的约定为基础，受托人根据委托人的委托，对委托人的相关事务进行管理和处置的行为。由此内涵可知，企业托管是指企业资产所有者将企业的整体或部分资产的经营权、处置权以契约形式在一定条件和期限内委托给其他法人或个人进行管理，从而形成所有者、受托方、经营者和生产者之间的相互利益和制约关系。知识产权托管，是在知识经济时代到来的大背景下，面对我国知识产权发展的需要与我国企业知识产权基础薄弱之间的矛盾，以信托、企业托管等理论为基础，结合我国经济发展状况而提出的一种创造性构想，是对传统的企业知识产权保护和管理制度的创新。

知识产权托管的概念最早由席靖彭等学者提出，其在《知识产权保护的新境界》一书中指出："知识产权托管是知识产权所有者将拥有的知识产权委托给一个专门的机构或部门进行保护、管理、经营和操作。接受知识产权委托的机构或系统称为知识产权托管系统。表现为，被委托方——知识产权托管中心以管理部门的'身份'，依照托管的方式去管理委托方的知识产权相关事宜。"[①] 在此基础上，李鹏进一步对知识产权托管的概念进行了完善："知识产权托管是指把企业知识产权的管理需求同服务机构的专业化服务相结合，在严格保护企业商业秘密的基础上，服务机构接受委托，管理与知识产权有关的全部事务，例如咨询、申请、维持、运营、维护等。"[②] 国家知识产权局及工业和信息化部于 2011 年颁布实施的《中小企业集聚区知识产权托管工作指南》中明确规定："知识产权托管是把企业对知识产权的管理需求与知识产权服务机构的专业化服务相结合，在严格保守企业商业秘密的前提下，企业委托服务机构管理其全部或部分知识产权相关事务，为企业量身定制一揽子服务的工作模式。在托管过程中，企业委托专业服务机构进行管理的事务包括：信息分析、专利申请文件撰写、专利申请流程服务、制度建设、专利运营、权利维

---

① 席靖彭，张骏，等. 知识产权保护的新境界——关于建议我国建立和发展知识产权托管服务系统的研究 [M]. 北京：中国政法大学出版社，2007：43.

② 李鹏. 知识产权托管：探索企业服务新模式——北京知识产权托管工程初探 [J]. 中国科技财富，2009（7）：53.

护、战略规划、品牌宣传和建设、人才培训等内容。"①

从以上定义可以看出,在知识产权托管工作中存在两方主体,一方是拥有知识产权的企业,另一方是能够提供专业化服务的知识产权服务机构。在严格保守商业秘密的前提下,后者为前者提供服务,服务内容是处理知识产权相关事务。但是上述有关知识产权托管的定义均是从实践意义的层面进行界定,法律尚未对知识产权托管加以明确的法律定义,导致这一概念仍不清晰,许多人将知识产权托管与知识产权代理、知识产权信托、知识产权经纪、知识产权中介等概念相混淆。因此,有必要将知识产权托管与这些概念区分对比,厘清知识产权托管这一概念的法律属性和理论范畴,从而更加准确、全面、严谨地界定知识产权托管,并为知识产权托管制度的研究和发展奠定基础。

二、知识产权托管与相关概念甄别

知识产权托管这一制度是学者们从企业托管和信托等理论上衍变创造而来,是对传统知识产权管理制度的突破与创新,其与知识产权代理、知识产权信托、知识产权行纪、知识产权中介等概念既相互联系又互有区别。

(一) 知识产权托管与知识产权代理

随着知识经济时代带来巨大利益以及国际社会对知识产权保护越来越重视,各国纷纷设置知识产权壁垒这种新型的非关税壁垒,从而限制竞争对手获取垄断性利润。尤其在发达国家和跨国公司,对该壁垒的设置更为注重,由此引发了大量的知识产权争议诉讼。此外,在我国加入 WTO 之后,国内市场向国外开放,知识产权的域外申请和跨国知识产权争议数量剧增。在世界经济一体化趋势凸显、智力成果大量产生的大背景下,知识产权代理催生并迅猛发展。

知识产权代理指的是知识产权代理人根据知识产权权利人的授权,在代理

---

① 国家知识产权局、工业和信息化部关于印发《中小企业集聚区知识产权托管工作指南》的通知 [EB/OL]. (2011 – 05 – 17) [2018 – 12 – 16]. http: //www. nipso. cn/onews. asp? id = 14251.

权范围内，以知识产权权利人的名义，与第三人实施的法律效果直接归于知识产权权利人的民事法律行为。① 知识产权托管与知识产权代理的概念较为相近，无论是知识产权托管还是知识产权代理，其主体都包含委托人与受托人，权利义务关系均是由委托人发出委托的要约、由受托人作出承诺而产生的；其次，两者都是以信任为基础成立的合同关系，委托人与受托人之间都是基于互相信任而就约定事项达成合意，从而成立合同关系。

知识产权托管与知识产权代理这两个概念常被混淆，但从本质而言，两者之间依然存在较大区别。

（1）知识产权托管与知识产权代理涉及的主体不同。在知识产权代理中存在三方主体，即代理人、被代理人和第三人，其中涉及了三种法律关系，即代理人与被代理人之间形成了委托代理的内部关系，代理人与第三人之间形成了授权范围内与第三人进行意思表示的外部关系，被代理人与第三人之间形成了承担被代理人意思表示的法律后果（在授权范围内）的权利义务关系。而在知识产权托管中，则既可以存在三方主体，也可以仅存在双方主体，知识产权托管可以仅发生在委托人与受托人之间（如专利信息检索、知识产权信息档案管理、知识产权战略制定等，仅涉及知识产权服务机构和企事业单位双方，并不涉及第三人），也可以发生在委托人、受托人和第三人之间（如知识产权服务机构在管理企事业单位的知识产权时进行的许可、转让、质押融资等行为）。

（2）知识产权托管与知识产权代理实施的名义不同。在知识产权代理中，代理人在被代理人的委托授权范围内实行代理行为时，必须以被代理人的名义进行意思表示，否则便构成隐名代理或不成立代理。而在知识产权托管中，在涉及与第三人发生法律关系时，受托人即知识产权服务机构需要以被代理人的名义实施民事行为，如处理侵权纠纷、进行维权保护等；但在不涉及第三人时，如整理分析企业的知识产权状况、制定知识产权管理制度等，就没有以委托人即企事业单位名义进行的必要，知识产权服务机构可以直接以自己的名义实施这些双方行为。

---

① 刘明江. 知识产权托管研究［J］. 河南科技，2016（7）：35.

（3）知识产权托管与知识产权代理产生的根据不同。知识产权代理可以基于法定、指定或是委托授权产生，而知识产权托管则只有委托这一种形式，必须以委托合同为基础，代理人在合同授权范围内提供托管服务，超出授权范围的行为不能产生法律效力。

（4）知识产权托管与知识产权代理适用的范围不同。与知识产权托管相比，知识产权代理的适用范围更为狭窄。首先，知识产权代理受到授权范围的限制；其次，知识产权代理机构与企业之间只存在简单的合同关系，为企业提供的代理服务不仅零散，而且单一，如知识产权申请、变更、授权使用、转让、维权诉讼等，代理机构无法涉及企业知识产权的产生、运营、管理等全部阶段，缺乏全面性与系统性。而知识产权托管则为企业的知识产权提供一揽子的知识产权服务，无论是简单的申请工作，还是深入、全面的知识产权运营工作，对企业竞争对手的知识产权进行跟踪，进行知识产权风险预警、侵权分析、维权服务等，都在托管机构的服务范围之内，从而得以更全面地管理企业的知识产权。因此，知识产权托管的适用范围比知识产权代理更为广阔。[①]

（二）知识产权托管与知识产权信托

"信托"一词起源于《罗马法》中的"信托遗赠"制度。在现代，对于信托，各国存在不同的理解和规定。英国《不列颠百科全书》认为："信托是为第三人利益而管理处分他人财产的一种法律关系。"[②] 美国学者鲍吉特认为："信托是当事人在互相信任的前提下，一方转移财产所有权，另一方负有管理或处分此项财产的义务。"[③] 美国法学家协会在《信托法重述》一书中写道："信托是当事人对于财产权的一种相互信任关系。受托人必须为他人的利益去管理处分财产，并遵循衡平法上的相应义务。"相比于英美国家，大陆法系国家主要通过立法来明确规定信托。《日本信托法》第 1 条规定："信托是指财产权转让和其他处理行为，让他人遵从特定的目的实施财产管理或处理。"《韩国信托法》第 2 条规定："基于信托设定人与信托接收人之间的信任关系，

---

① 刘玉秀. 我国中小企业知识产权托管组织形式发展趋势研究［D］. 成都：西南石油大学，2016.
② 邵文猛. 知识产权信托制度研究［D］. 郑州：郑州大学，2015.
③ 霍玉芬. 信托法要论. 北京：中国政法大学出版社，2003：42.

把特定财产转移给受托人，或设定担保，或进行其他处分，让受托人为受益人的利益或其他特定目的，管理、处分、运用、开发财产，及为实现信托目的而实施其他必要行为的法律关系。"我国《信托法》第 2 条规定："本法所称信托，是指委托人基于对受托人的信任，将其财产权委托给受托人，由受托人按委托人的意愿以自己的名义，为受益人的利益或者特定目的，进行管理或者处分的行为。"

虽然各国对信托有不同的定义，但其本质都是受人委托、代为理财。所谓知识产权信托，就是指知识产权权利人，即知识产权信托中的委托人为了使自己的知识产权的经济效益和社会效益发挥到最大程度，以信任为基础，将自有的知识产权转移给受托人，由受托人进行管理或处分，从而形成的知识产权法律关系。① 因此，从法律关系的性质而言，知识产权托管与知识产权信托的本质都是以互相信任为基础形成的一种委托关系；从主体而言，都存在委托人、受托人和受益人这三方主体，且缺一不可。无论是知识产权托管，还是知识产权信托，委托人和受益人都可以是同一主体，知识产权信托也有可能存在不同主体的情况，知识产权托管则是委托人和受益人永远是同一主体；从委托内容而言，知识产权托管和知识产权信托都是对财产经营管理权的暂时转移，由受托人对委托人的知识产权进行管理和处分。

知识产权托管和知识产权信托最本质的区别在于财产所有权是否发生转移。虽然我国信托法规定，信托是将财产委托给受托人，而未直接指明将财产所有权转移给受托人，但无论是基于各国对信托定义的明确和信托的法理含义，还是从实践角度出发，转移财产所有权都是信托与居间、行纪等行为相区别的核心特征。② 在知识产权托管中，受托人只享有在委托合同范围内的对知识产权的管理和处分权能，并不需要委托人转移财产所有权给受托人，知识产权仍归属于委托人。其次，知识产权托管与知识产权信托的目的不同。知识产权信托的目的是使企业知识产权产业化，信托机构对企业的知识产权进行质押、证券化、保险等融资活动，从而解决企业知识产权转化及融资的困难，实

---

① 黄静，袁晓东. 知识产权信托与科技成果转化 [J]. 软科学，2004 (18)：42.
② 李宇. 商业信托委托人的法律地位 [J]. 法学论坛，2012 (5)：121.

现企业知识产权的保值增值。而知识产权托管的本质则是一种管理服务，是托管机构在委托范围内为知识产权委托人提供系统、全面、专业的知识产权管理服务，从而增强委托人知识产权的创造、运用、保护和管理能力。最后，知识产权托管与知识产权信托的客体有所不同。在知识产权信托法律关系中，信托机构为了受益人的利益对委托人的知识产权进行管理处分，其直接客体是知识产权权利本身。而在知识产权托管法律关系中，托管机构提供的其实是一种专业、系统的知识产权管理服务，其客体是对知识产权的管理服务本身，而非知识产权权利。

（三）知识产权托管与知识产权中介、行纪

所谓中介，又称"居间"，是指中介机构向委托人提供中间代理的媒介服务，主要为委托人寻找并安排目标物品或服务，进行中间联系而不直接提供具体物品或服务。我国《合同法》规定，居间人主要向委托人报告订立合同的机会，或者提供订立合同的媒介服务。缘此内涵，知识产权中介应是指知识产权中介结构以委托合同为基础，为委托人寻找并报告订立合同的机会，或帮助委托人订立合同，而不直接参与知识产权的管理和处分内容。近年来，知识产权中介机构的业务范围愈加扩大，不再局限于信息的搜索、汇合、发布等简单中介服务，而是逐渐包含了知识产权许可、转让、评估等代理行为，有些知识产权中介机构也会提供知识产权人才培训、企业品牌建设等相关服务，实践中知识产权中介机构的业务范围已逐渐超出了居间的范畴。而在知识产权托管的实际操作中，托管机构也存在为委托人提供中介服务的业务，因此知识产权中介与知识产权托管难免有所交叉。但从知识产权中介与知识产权托管的原意出发，两者具有显著的不同，知识产权中介的核心仍然是提供中间代理的媒介服务，并不涉及知识产权管理行为，而知识产权托管则是在授权范围内提供系统、全面的知识产权管理和处分服务，贯穿于知识产权产生、运营、管理等整个阶段，而不仅仅起到中介的连接作用，这是两者最本质的区别。

行纪是指行纪人接受委托人的委托，以自己的名义，为了他人的利益，进行物品买卖等商品贸易行为并收取报酬的营业行为。我国《合同法》规定，行纪人是以自己的名义为委托人从事相关的贸易活动。知识产权行纪与知识产

权托管最大的区别是两者功能不同：知识产权行纪的功能主要体现在以自己的名义从事商业贸易活动，如为委托人进行寄售、代销、代购等交易行为，为委托人谋求利益，委托人支付相应的报酬；而知识产权托管的功能则主要体现在为委托人提供专门性的知识产权管理服务，而不局限于单纯的商业交易活动。

三、知识产权托管服务的特殊性与优势

通过上述分析可知，知识产权托管与知识产权代理、知识产权信托、知识产权中介、行纪等均既有联系又有所区别。作为一种以学理基础构建起来的特殊知识产权服务制度，为了更好地释明知识产权托管的特性，从而更好地处理实践中的知识产权管理问题，需要厘清知识产权托管服务的特殊性及其优势所在。

（一）知识产权托管服务的特殊性

由于知识产权托管与以上概念都存在一定的相似性，实践中业务也常常发生交叉混同的情况，除了将它们分别进行相同点和不同点的比较之外，对知识产权托管服务的特殊性加以细化、明确亦实有必要。其特殊性主要体现在以下四个方面。

1. 以委托合同为基础

知识产权托管法律关系建立的基础，是知识产权权利人与知识产权服务机构之间成立的以信任为基础、委托知识产权服务机构对知识产权权利人的知识产权进行管理和处分的委托托管合同。托管合同是知识产权托管设立的最基本法律形式，是明确知识产权托管主体以及主体权利义务的基础性文件，也是控制托管风险、实现权利人托管目的的有效保障。因此，知识产权托管合同不仅可以参照适用《民法总则》和《信托法》的一般规定，也应受到《合同法》的约束。

第一，托管合同的成立及生效。根据《信托法》第 8 条和《合同法》第

32、33 条的规定①，托管合同应主要采用书面合同的方式，合同自双方主体签字或盖章时成立；以数据电文等形式订立合同的，自签订确认书时成立。而对于托管合同的生效时间，则存在争议。有学者认为，《信托法》第 10 条规定，设立信托应该依法进行信托登记②，托管作为一种特殊形式的信托，也应将登记作为合同的生效要件，合同自登记之日起生效。也有学者认为，信托之所以需要登记，是因为在信托中，信托财产需要转移所有权至受托人所有，而在知识产权托管中，受托人的职能是为委托人提供知识产权相关的管理和处分服务，并不涉及知识产权权利的转移，故无需将登记作为托管合同生效的要件，只要委托人与受托人达成合意，合同即成立并同时发生效力。

第二，托管合同的具体内容。参考《合同法》第 12 条③与《信托法》第 9 条④的规定，托管合同的内容应当包括：托管的目的、原则，当事人信息，托管事务的范围及托管方式，托管期限，托管报酬，主体的权利和义务，违约责任及纠纷解决方式，及其他可能涉及的条款。其中，托管合同必须先明确设立托管要达到的目的及托管行为需遵循的原则，并以此为基本精神引导托管服务顺利实施。托管事务的范围应该包括知识产权战略规划、管理制度建设、侵权预警、权利获得与维持、权利运营、权利维护、人才培训等，委托人可根据需求选择。托管方式，包括完全式、顾问式、专项式三种，各托管方式有各自的适用对象及优缺点。

第三，托管合同主体的权利义务。参考《信托法》并结合托管的实质，

---

① 《合同法》第 32 条规定："当事人采用合同书形式订立合同的，自双方当事人签字或者盖章时合同成立。"第 33 条规定："当事人采用信件、数据电文等形式订立合同的，可以在合同成立之前要求签订确认书。签订确认书时合同成立。"

② 《信托法》第 10 条规定："设立信托，对于信托财产，有关法律、行政法规规定应当办理登记手续的，应当依法办理信托登记。未依照前款规定办理信托登记的，应当补办登记手续；不补办的，该信托不产生效力。"

③ 《合同法》第 12 条规定："合同的内容由当事人约定，一般包括以下条款：（一）当事人的名称或者姓名和住所；（二）标的；（三）数量；（四）质量；（五）价款或者报酬；（六）履行期限、地点和方式；（七）违约责任；（八）解决争议的方法。当事人可以参照各类合同的示范文本订立合同。"

④ 《信托法》第 9 条规定："设立信托，其书面文件应当载明下列事项：（一）信托目的；（二）委托人、受托人的姓名或者名称、住所；（三）受益人或者受益人范围；（四）信托财产的范围、种类及状况；（五）受益人取得信托利益的形式、方法。除前款所列事项外，还可以载明信托期限、信托财产的管理方法、受托人的报酬、新受托人的选任方式、信托终止事由等事项。"

托管合同委托人享有的权利主要有：对托管事务实施情况的知情权和监督权、托管方式的变更请求权、撤销权或损失赔偿请求权、解任权及托管利益享有权等相关权利。受托人享有的权利有：请求委托人协助托管服务顺利实施的权利、托管服务的报酬请求权、辞任权等相关权利。委托人应履行的义务主要有：支付相应的托管服务报酬、协助受托人顺利实施托管服务、不得任意干涉受托人实施管理等相关义务。受托人应履行的义务主要有：忠实管理义务，即受托人应严格依据合同诚实、守信、严谨、慎重并高效地实施托管服务，使委托人获得最大化利益；亲自实施托管服务，即除当事人另有约定，受托人应亲自进行托管服务；向委托人报告托管实施情况并接受监督的义务；对委托人的知识产权相关信息进行保密的义务；支付托管收益等相关义务。①

2. 财产所有权不发生转移

在知识产权托管中，既涉及受托人对委托人的知识产权事项进行办理，如制定知识产权战略、专利信息检索等，也涉及受托人对委托人的知识产权的系统管理，如知识产权托管专利运营、权利维护等。在受托人仅对委托人的知识产权事务进行管理时，知识产权所有权不发生转移，知识产权仍然归属于委托企业，这是知识产权托管与知识产权信托的核心区别。除此之外，知识产权托管也不存在交付的问题，只要委托人与受托人意思表示达成一致，知识产权托管的委托合同也就相应成立。

3. 并不当然涉及第三人

在受托人提供知识产权托管服务的过程中，既有可能涉及第三人，如知识产权申请、许可、转让、维权等，也有可能不涉及第三人，如受托人仅仅是对委托企业的知识产权进行信息检索和整理、制定知识产权发展战略等。在涉及第三人的情况中，受托人要作出有效的法律行为，不仅需要委托合同，还需要委托企业另行作出明确的授权意思表示；而在不涉及第三人的情况下，则无需委托企业的另外授权，受托人有充分的处分空间，具有很强的灵活性。

---

① 刘玉秀. 我国中小企业知识产权托管组织形式发展趋势研究［D］. 成都：西南石油大学, 2016.

4. 实质上是一种服务外包

外包是社会分工逐渐细化的过程中萌发出的新型企业经营思维和战略管理模型，其形成于强调分工合作的 20 世纪末，即在有限的人力、资源条件下，企业为了提高产品质量，维持核心竞争力，将企业内部部分非核心业务或者缺乏优势的业务委托给其他专门性的公司来完成，从而降低运营成本，将人力资源集中优化，提升顾客的满意度。专业咨询公司把外包定义为："外包是指企业依托信息技术或其他先进技术，充分发掘和利用外部专业服务机构的知识劳动力来执行原来企业内部从事的非核心业务，从而使企业将有限资源集中于核心竞争力，达到提高效益、减少成本、增强企业竞争力和应变能力的目的，是现代社会下一种全新的服务模式。"外包模式是经济全球化后的一种必然趋势，生产和服务的外包是世界经济中非常重要的一项活动。自我国加入 WTO 以后，外包服务业开始在我国发展起来。频繁的国际交往促使跨国公司不断将业务外包到我国，最初的表现是生产制造业和劳动密集型、知识密集型等行业的外包。随着信息技术的高度发展和外包模式的不断成熟，企业越来越需要集中发挥自身优势，将不擅长或不专业的部分外包给外部公司，从而降低成本并维持竞争优势。于是，外包不再局限于机械的低端业务，而是转向服务性的高端业务。

对于企业而言，知识产权托管实质上是一种服务外包。[①] 对知识产权的管理原本归属于企业内部的管理事宜，但企业由于缺乏专业的知识产权管理人员、管理成本较高等原因，将自身知识产权的管理事务委托给有资质的知识产权服务机构，由其进行系统、全面的管理，从而实现利益的最大化。因此，评价一项知识产权托管服务的成效时，应当以企业的知识产权是否得到有效的管理为标准。如果企业知识产权发展良好且企业付出的成本合理，那么这项托管服务是成功的；如果企业的知识产权仍然羸弱，或者企业付出的成本高昂，对企业而言，这项知识产权托管服务很有可能是失败的。

---

① 刘明江. 知识产权托管研究 [J]. 河南科技，2016 (7)：37.

（二）知识产权托管服务的优势

作为以我国国情为基础构建的具有中国特色的知识产权管理模式，知识产权托管具有无可比拟的优势。

1. 防范性

知识产权托管服务不仅包括对企业知识产权的事后补救机制，更加体现其作用的是专业的知识产权服务机构对企业知识产权的事前规划。托管服务涉及企业知识产权产生、发展、运作的整个过程，因此可以以其系统、全面、专业的服务为企业预先做好知识产权的战略布局和发展规划，并提前进行预警，避免知识产权风险，预先减少企业的知识产权纠纷，增强企业知识产权的保护壁垒，帮助企业高效利用其知识产权，实现利益的最大化。

2. 经济性

受人力、物力、财力等方面的限制，企业大多不具有设置专门的知识产权管理部门的能力。因此，一旦发生知识产权纠纷，企业就不得不花费大量的资金来维权，而与此同时，由于企业知识产权运营能力薄弱，极易使其自身的知识产权得不到有效利用，被闲置或浪费。知识产权托管服务就能够解决这些问题，使资源得到高效利用，并降低维权成本。其次，在企业委托服务机构进行知识产权托管时，虽然企业需要向服务机构付出相应的报酬，但知识产权服务机构具有半官方性质，其并非纯粹只为营利，还有扶助企业知识产权成长的目的。许多城市都会以不同的方式为知识产权托管提供补贴，如厦门市知识产权局发布的"关于开展小微企业知识产权托管费用补贴的通知"，明确小微企业知识产权托管服务的具体内容，并对购买相关服务的小微企业按服务费用的60%予以资助。[①] 最后，知识产权托管服务机构为企业知识产权提供全面的一

[①] 厦门市知识产权局. 关于发放小微企业知识产权托管费用补贴的通知. （2018 - 09 - 19）［2019 - 01 - 11］. https：//www.sohu.com/a/254846823_696889.

揽子服务，与单个知识产权申请与咨询的费用相比，价格优惠合理。同时，系统的服务产生的效果也远超单个服务叠加产生的效果。

3. 全面性

知识产权托管服务的范围广泛，涵盖了企业知识产权产生发展的全过程，从事前预警、运行操作到事后救济都能进行专业管理。从为企业量身定做知识产权发展战略和管理制度，到为企业提供知识产权的维持、维护、运营、维权等系统化服务，知识产权服务机构为企业提供的管理和处置服务是全方位的，具有全面性，能够为企业的知识产权事务提供强有力的保护。

4. 便捷性

如果没有知识产权托管服务，企业在面临各种不同的知识产权纠纷时，由于专业性的欠缺和管理机制的不完善，势必会导致纠纷处理过程更加繁琐，走什么样的流程，怎样更好地维护自身利益，与哪一些专门机构进行合作，都是企业必须逐一辨别挑选的内容。而知识产权服务机构作为专业化的机构，熟知知识产权管理方法，了解知识产权行业内的原则规范，具有准确处理知识产权相关事务的经验与能力，能够克服企业自己直接操作知识产权事务的弊端与艰难，从而更加方便、快捷、及时、高效地为企业知识产权的运作和发展保驾护航。

5. 优化法律服务环境

知识产权服务机构具有专业性强的优势，能够针对企业的知识产权发展状况进行全面分析，对不同规模、不同类型的企业有计划地展开系统的知识产权教育培训，从而对相关的知识产权知识进行普及，对我国企业知识产权能力的全面提升具有极大的促进作用，有利于塑造企业的知识产权意识，强化企业的知识产权保护机制。此外，知识产权服务机构能够以其专业优势，对社会群体开展尊重和保护知识产权的宣传活动，这对当前我国知识产权观念基础仍显薄弱的现状能够起到极大的改善作用。多样的知识产权服务不仅能够增强企业的知识产权保护能力，也能增强广大社会群体的知识产权保护观念和意识，并在全社会形成普遍尊重、维护智力成果的良好氛围，不断优化完善知识产权整体法律服务环境。

第二节　知识产权托管模式

企业的实际运营状况，如企业的规模、性质、知识产权事务的工作量、知识产权工作的整体水平以及服务机构的规模和水平等，决定了企业应采用何种知识产权托管模式。选择恰当的模式开展知识产权托管工作，既符合入托企业的实际需要，也与知识产权服务机构的能力相匹配，如此方可取得双赢的效果。不同模式的知识产权托管提供的服务各有长短，无论是服务的连贯性、调整的灵活性、实际的操作性，还是收费的经济性，都与最终选择的知识产权托管模式息息相关。

从企业与知识产权服务机构之间的关系来看，目前我国企业现有的知识产权托管模式大致分为完全式托管和部分式托管两种，分别适用于不同的对象。完全式托管适用于知识产权管理资源极其匮乏的企业，这也正是我国绝大部分中小企业的现状。部分式托管则适用于具有一定知识产权管理能力的企业，服务机构仅对其提供辅助性、补充性、针对性的服务。部分式托管又可以服务机构在企业中担当的角色及履行的职能范围为标准进行划分，分为顾问式托管和专项式托管[1]，根据不同规模、不同类型企业的不同需求，提供更为适合的管理服务。

一、完全式托管

完全式托管又称概括式托管，是指企业将其全部知识产权事务整包给服务机构，由服务机构进行全权处理。服务机构充当企业知识产权工作机构的角

---

[1]　谢顺星. 知识产权托管［G］//中华全国专利代理人协会. 全面实施国家知识产权战略，加快提升专利代理服务能力—2011年中华全国专利代理人协会年会暨第二届知识产权论坛论文集. 2011：833–834.

色，承担企业知识产权部门的所有职责和功能。完全式托管是最典型的知识产权托管模式。

完全式托管适用于完全没有或者仅有少量知识产权工作人员的企业。由于知识产权工作思路由专业机构确定并实施，有利于获得全面、专业的服务和更快地取得工作成效。实践中，典型的"三无"企业和知识产权管理能力较为薄弱的企业都更倾向采用完全式托管。《中小企业集聚区知识产权托管工作指南》也指出，完全式托管主要面向未设置知识产权机构、人员的小型企业，以政府引导和支持服务机构提供信息分析、专利申请流程服务等无偿服务为主。① 但是采用完全式托管并不表明，入托企业可以当"甩手掌柜"，对企业内部的知识产权工作无所作为。② 要想取得良好的托管效果，入托企业还是要在企业内部设立知识产权管理机构，配备知识产权管理人员，并划拨一定的知识产权管理经费。

采用完全式托管时，应当在托管服务合同中以列举加概括的方式尽可能阐明入托企业的需求及服务机构的服务事项，如列举出专利申请、知识产权战略制定、知识产权质押贷款等事项。若仅有概括式描述，就有可能被理解为顾问式托管，即入托企业将其咨询性知识产权事务委托给服务机构，而服务机构仅充当入托企业顾问的角色。同时，双方要依据工作内容和工作量确定每年或每几年的托管费用。除托管费用外，服务机构不再向企业收取任何费用。

在完全式托管模式中，服务机构集企业知识产权工作机构和各种中介机构（专利代理机构、律师事务所、专利数据公司等）之职能于一身，企业在操作上十分简单。虽然这种方式的托管费用相对较高，但企业不需另行配备知识产权工作人员，而且需要支付在知识产权上的费用十分确定。但这种方式工作量一旦确定，增加和减少便不太灵活。

---

① 国家知识产权局，工业和信息化部. 中小企业集聚区知识产权托管工作指南［EB/OL］.（2011－05－17）［2019－01－15］. http：//www. nipso. cn/onews. asp？id＝14251.
② 刘明江. 知识产权托管研究［J］. 河南科技，2016（7）：44.

二、顾问式托管

顾问式托管，是指企业将其咨询性知识产权事务委托给服务机构，服务机构充当企业顾问的角色。这种方式适用于有少量知识产权工作人员的企业，根据自身阶段性的任务需求将知识产权事务交由托管公司管理。[①] 由于知识产权工作思路的确定和实施往往受到托管双方主体的影响，要获得更多的专业服务和更快的成效，需要服务机构和企业相关人员经常性的沟通和密切的配合。顾问式托管是目前实践中企业选择较多的托管模式。

采用这种方式时，双方依据工作内容和工作量确定每年的托管费用。对具体申请案、纠纷案和咨询项目等具体事项服务，服务机构另行折扣收费。这种方式的托管费用相对较低，但企业需要另行配备知识产权工作人员和另行支付具体事项服务费用，操作上较为繁琐，企业对需要支付在知识产权上的费用不太确定。[②] 当然，这种方式在工作量确定后，增加和减少工作量时较为灵活。

三、专项式托管

专项式托管，是指企业将单项或几项知识产权事务（如知识产权经营）委托给服务机构，服务机构作为企业单项事务的全权代表。这种方式适用于有较多知识产权工作人员，并且知识产权工作水平达到较高程度的企业。由于知识产权工作思路由企业独立确定和实施，专业机构只作为企业知识产权力量的补充，所以企业只是在单项或多项业务上获取专业服务，通过专业人员取得单项或多项业务的工作成效。

采用这种方式时，双方依据工作内容和工作量确定单项或几项事务的托管费用。对其他服务（包括顾问服务和具体事项服务），服务机构会另行折扣收

---

① 刘明江. 知识产权托管研究 [J]. 河南科技, 2016 (7)：44.
② 高洁. 提高民营科技企业科技成果转化效率的策略研究 [J]. 东方企业文化, 2013 (6)：32.

费。这种方式的托管费用相对较低，但企业需要另行配备知识产权工作人员和另行支付其他服务费用，操作上较为繁琐，企业对需要支付在单项或多项知识产权事务上的费用需十分确定。这种方式在工作量确定后，增加和减少工作量时十分灵活。

第三节　域外知识产权信托模式探索

域外各国并没有知识产权托管的概念，更多的是对知识产权信托的研究。知识产权信托立法比较完善和理论研究比较深入的代表性国家主要是英国、美国、德国及日本等。对域外知识产权信托模式的探索和借鉴，能够为进一步研究知识产权托管，发挥知识产权托管在企业管理方面的作用，形成完善、健全的知识产权托管制度提供有力的理论支撑。

一、英国：信托发源地

英国是信托的发源地。英国的信托分为一般信托业务和证券投资信托业务，一般信托业务包括个人信托和法人信托，证券投资信托业务涵盖单位信托和投资信托。由于英国信托的起源和土地制度关联，英国的信托主要还是集中于与不动产有关的传统民事信托领域。据统计，英国个人信托多于法人信托，法人信托业务量仅占英国全部信托的20%。[①] 19 世纪 60 年代以后，由于英国国内积蓄较多，中小投资者有集合资金投资的需求，单位信托和投资信托便应运而生。单位信托和投资信托均指投资者将资金集中交给受托人管理和运作，受托人为专业化的公司。其中，单位信托通过发行等值"单位"募集成立信托基金。[②] 单位信托对投资人开放，即在信托存续期间，信托单位可随机增加，而与之对应的投资信托的投资人则不能随机增加，这在一定程度上类似于

---

① 余辉. 英国信托法：起源、发展及其影响 [M]. 北京：清华大学出版社，2007：129.
② 周小明. 信托制度的比较法研究 [M]. 北京：法律出版社，1995：110.

我国的封闭式基金。英国单位信托和投资信托的投资方式主要是股权权益性投资，投资对象主要在英国，投资比例和金额逐年上升。数据表明，1990年和2000年，单位信托在英国本土的投资分别占33.6%和36.3%，其中投资的小企业占4.5%和5.9%。[①] 而据英国投资协会网站（AIC）介绍，AIC作为为投资信托公司服务的协会，其会员业务主要涉及三类信托，即投资信托、离岸信托及风险资本信托（VCT）。其中，VCT就是针对众多持有知识产权的中小科技企业而创设的高风险信托产品。当然，基于其股权权益性投资的特征，VCT并不直接对知识产权进行债权或证券化性质的融资，而是与单位信托一样，仅针对知识产权的载体即中小科技企业进行股权权益性投资。1893年，英国颁布了历史上第一部全面保护合法信托关系的单行法——《受托人法》，经过1925年和2000年的两次修订后，至今仍发挥着作用，其中就有通过著作权管理组织的托管手段来加强著作权管理的规定。英国的知识产权信托在信托的范围内仍属于财产的辅助形式，因此英国的知识产权信托尚需发展，以扭转知识产权信托为辅的局面。主要开展知识产权信托业务的机构集中在四大行，即国民威斯敏斯银行、密特兰银行、巴克莱银行和劳埃德银行。[②] 在英国，保险公司也被允许开展知识产权信托业务，只是其设立审查的条件较为严格，门槛较高。

二、德国：倚靠市场调节的信托制度

近几十年来，德国经济发展一直走在世界前列，其中的重要原因之一就是德国企业能够有效运用知识产权制度，不断提升和保持其强大的国际市场竞争能力。对德国企业而言，知识产权战略是企业整体战略的重要组成部分，并将其纳入综合系统进行考虑。企业围绕其经营发展制定知识产权管理和保护的总体战略，在知识产权的管理职能、评价体系、产学研合作、成果应用和产业化、员工培训和奖励等方面均形成了比较完善、富有成效的制度规范，还普遍

---

① 郭俊. 完善我国知识产权信托融资模式的相关思考——基于国际经验的比较与借鉴［J］. 学习与实践，2015（7）：26.

② 邓净. 发达国家知识产权信托法律制度比较及中国借鉴研究［D］. 南昌：华东交通大学，2014.

制订了明确的知识产权管理保护方针。例如，德国拜尔公司的知识产权管理方针为：一是要积极加强知识产权的管理，以增加价值；二是知识产权管理的内容和方向要以全球商业战略为导向；三是知识产权管理要构建全球化的结构；四是企业知识产权要作为战略上重要的无形资产来保护；五是各部门间的沟通与合作是有效的知识产权管理保护的基础。① 德国企业还设置了专门负责落实知识产权管理保护职责的知识产权管理部门，来负责专利情报管理、创新发明的挖掘、专利申请、知识产权教育培训和知识产权纠纷处理等工作。德国企业或选择由企业法律部来负责管理知识产权事务，如拜耳公司；或选择由公司研发部门负责管理知识产权事务，如先正达公司；或选择由公司法律部和研发部共同对知识产权事务进行管理，如汉高公司。② 除了注重知识产权的管理并设置专门管理机构，对于目前我国企业面临的知识产权专业人才匮乏的问题，德国企业也早有解决方案。德国企业尤其是德国的知名大型企业的每一名员工进入企业，必须接受知识产权方面的培训，包括知识产权法律制度，文件管理及保密规定，知识产权发明、申请、应用、维权程序和途径等，通过对员工的教育培训，使其逐步形成自觉遵守法律制度和保护企业知识产权的强烈意识。不少德国企业还注意培养专业化的知识产权人才队伍，对技术、法律人员定期进行跨学科轮训，或派员去专利事务所、律师事务所、高校进行研修学习，积极创造条件，鼓励员工参加专利律师资格考试，以培养企业自己的具有理工科背景、技术与法律相结合的复合型知识产权保护和管理人才。因此，虽然德国民主议会在1990年6月通过了《托管法》（这部托管法律主要目的是规范国有企业的托管经营，德国按照这个法律同时设立了"托管局"，主管企业托管事务），但德国企业对知识产权托管这一模式的需求远不及中国。德国企业自身具备足够的知识产权管理人才、资源与能力，故德国知识产权管理中更为活跃的模式是更加倚靠市场调节的信托制度。在德国信托制度中，受托之物或权利构成信托财产；委托人和受托人可以是自然人也可以是法人；多数情况下委托人就是受益人，在某些情况下受益人也可能是受托人或第三人，第三人为受益

---

① 龚志军，杨峥嵘. 知识产权保护中的企业主体作用 [J]. 商业研究，2009（12）：63–64.
② 何蓉，黄玉烨."一带一路"战略下中国高铁企业的知识产权管理策略研究 [J]. 科技与法律，2017（1）：48.

人的称为受益第三人。德国信托法的特点在于，承认包括知识产权在内的权利可构成信托财产，对信托关系各方当事人的范围规定得比较宽泛，以信托关系各方当事人的权利义务作为立法规制的重点。德国的信托制度为其他国家信托法的颁布与实施提供了很多借鉴。

三、美国：专利投资信托 PIT

美国经济的快速发展决定了美国知识产权的快步前进。从 20 世纪 50 年代起，美国便成为首屈一指的世界专利大国。随着越来越多的人认识到专利的巨大作用，美国市场上开始出现专利许可协议，即专利权利人将自己所拥有的权利许可给受让人使用，受让人支付一定的报酬。但由于美国早年在 IT 产业发明的可专利性上规定过于宽松，在 1999 年 CAFC 的 State Street Banks 案全席判决后，美国承认商业方法本身的可专利性，允许就任何有用的、具体的和有形的发明获取专利。该标准盛行十余年，直至 Bilski 案的出现。这期间，部分因为缺乏完备的在先技术数据库和有经验的审查员，此类专利申请的授权率高达 90%，几乎两倍于普通专利申请的授权率，结果是商业方法专利卷入诉讼的可能性是化学专利的 11 倍，且 82% 的 NPE 案件都涉及软件专利侵权。同时，这些专利权利要求充斥着功能性表述，保护边界宽泛模糊，成为审查和侵权判断阶段的难题，动摇了专利权的财产权基础，导致专利制度的公示价值受到严重侵蚀，即便有丰富专利预警经验的大公司，也难以从专利分类体系和专利公开信息中锁定相关专利以避免侵权，往往被诉时才了解到相关专利的存在。与此同时，美国某些司法管辖区特别优待专利权人，在认定构成专利侵权时，美国法官通常会颁发永久禁令，专利权人通常可获得高额损害赔偿，且原告在律师费开支上具有绝对优势，证据负担也远小于被告。美国的这种亲专利权人的民事诉讼程序以及过于宽松的专利授权环境催生了一大批专利投机者，以致《美国发明人法》（即 AIA）第 34 条强令美国政府问责办公室调查专利投机者滥用诉讼的问题。根据后续的权威报告，美国专利投机者诉讼数量剧增，2012 年超过 2500 个，占全美专利诉讼的 62%，因此流向专利投机者的金额在 2011

年高达 290 亿美金，且这些钱最终很少回流到研发领域。①

面对层出不穷的知识产权侵权纠纷，为了整合社会专利资源和知识产权相关的法律秩序，美国政府开始推进专利交易的转型，建构专利信托市场，即像资本信托市场一样，有形财产在证券市场中买卖，其股票价格由市场来决定。构建这样一个公开透明的交易市场，可以最大限度地防止信托机构对其估价偏离市场定位，造成不必要的风险。在不断的演变中，专利投资信托应运而生。专利投资信托即 Patent Investment Trusts（简称 PIT），是指面向公众公开发行或定向私募发行专利投资信托受益凭证筹集资金，将其投向专利、专利相关权利或专利证券等，投资所得利润按比例分配给投资者的信托。② 在这种模式下，发明专利人可以将其所有的全部或者部分专利转移给信托机构或者其他人，信托机构或者其他人就是持有 PIT 股份的投资者，同时专利的发明人也可以作为该专利信托投资的发起人，获得 PIT 的股份，PIT 股份随着专利在市场中价值的增值而增值。PIT 在美国的起步和发展均较晚，因此美国的相关法律和政策均对该 PIT 模式出台了一系列的政策优惠，如 PIT 的相关人或组织满足收益、资产、分配检测要求的，就可以享受一定的税收优惠政策。③ 这些优惠政策的出台将大大促进 PIT 模式的发展，进而推动美国专利市场的转化。

目前，美国的信托业经营主体既包括信托公司，也涵盖兼营信托业务的银行。众所周知，美国是当今世界上证券业最发达的国家，但美国法律规定银行不能直接购买证券或对公司参股，因此银行大多设立信托部代理证券业务，这也直接导致位居美国前 100 名的大银行管理的信托财产占全美信托财产的80%。④ 20 世纪 90 年代以来，全美信托财产中，普通股票投资占 48%，企业债券占 21%，国债和地方债券占 18%。⑤ 可见，有价证券是美国信托业务的主要投资对象。就知识产权融资而言，美国类似于英国，主要对知识产权的载体

---

① 王宏. 美国 IT 产业"专利流氓"诉讼的制度根源和最新发展趋势［EB/OL］.（2014 – 04 – 02）［2019 – 01 – 23］. http：//blog. sina. com. cn/s/blog_77c0d1f50101kkdy. html.

② 张敏. 美国专利交易趋向展望——从专利投机到专利投资信托［J］. 贵州警官学院学报，2008（1）：70 – 71.

③ 郭俊. 完善我国知识产权信托融资模式的相关思考——基于国际经验的比较与借鉴［J］. 学习与实践，2015（7）：27.

④⑤ 曹严礼，和秀星. 美国信托业的发展及其对我国的启示［J］. 内蒙古财经学院学报，2001（4）：44.

即科技企业提供股权权益类投资。美国对科技企业的融资分为股权权益性投资、债务性融资和证券化产品三类，股权权益性投资包括风险投资、天使投资、上市等。美国模式有别于英国的最大特点是其创新性地采用信托架构下的知识产权资产证券化融资模式。例如，1985 年，耶鲁大学发明的一种治疗艾滋病的 d4t 新技术获得发明专利。2000 年 7 月，其与信托主体 Royalty Pharma 签订专利许可费收费权转让协议，将 2000～2006 年专利许可费的 70% 以 1 亿美元转让给 Royalty Pharma，剩余 30% 专利许可费由耶鲁大学保留，后 Royalty Pharma 将其受让的专利许可费收费权进行了证券化。[①] 此案例中最重要的部分是专利权人将未来 6 年的专利许可费收费权转让给信托，然后信托以固定收费为支撑而对投资者发行证券，募集资金给专利权人使用。

四、日本：积极创新知识产权信托形式

虽然现代信托是在英国产生、在美国繁荣，却是在日本得到创新。有资料显示，早在 1921 年，日本国内的信托公司就已经有 514 家之多，当时的信托业务主要集中在财产管理、证券代理等方面。到 1922 年，日本政府颁布信托法和信托业法，对信托原则、各关系人的权利义务及公司营业的标准作了规定，同时对信托机构的职能进行限制，禁止其从事银行业务，以确保专业性。自此，信托机构也开始降至 30 多家，算是进行了一次系统优化。在这样的市场环境下，日本的知识产权信托发展势头良好，在大陆法系国家中可谓佼佼者。在全球知识经济快速发展以及经历了经济大衰退之后，日本开始认识到转变经济结构、转变经济增长方式是增强其国际竞争力的关键，重视知识产权、发展推广知识产权成为日本在 20 世纪末经济发展的重心。在立法方面，日本 2002 年 3 月发布了《知识产权战略大纲》，将"知识产权立国"写入国家战略，拟开始实施知识产权信托。同年年底，记载知识产权信托的法律《日本知识产权基本法》在日本国会审议通过。这是日本立法史上第一部关于知识产权信托的立法，以前制定的《日本信托法》并没有规定知识产权信托。《日

---

① 史晓星，章立. 国外知识产权运营及其启示［J］. 中小企业管理与科技，2013（10）：210.

本信托法》第 4 条规定：信托公司不得承受除金钱、有价证券、金钱债券、动产、土地及其固定物、地上权及土地租借权之外的财产信托。2003 年 6 月 7 日，《日本信托法》修改，明确规定知识产权是信托财产，可以作为信托的客体，这是第一次正式在法律文件中将知识产权明确。立法层面的正式确定加速了日本知识产权信托的发展。2003 年 7 月 8 日，日本政府知识产权战略总部公布了《有关知识产权创造、保护及其利用的推进计划 2003》，该文件规定了知识产权不仅可以作为信托的客体，还应该发挥信托的优势，利用信托制度的流通性、易管理性、经济效益性等特点来实现知识产权的流通与管理，利用知识产权进行融资活动，推动知识产权信托的发展。2004 年 5 月 27 日，日本政府制定的《知识产权推进计划 2004》指出：针对战略性知识产权管理和融资过程中利用信托制度的法律，日本将在 2004 年前后采取措施。2005 年 6 月 10 日制定的《知识产权推进计划 2005》，要求按照企业的需求采取措施进一步加速知识产权信托的利用。日本政府一系列鼓励发展知识产权信托的政策一出台，社会各界反响强烈，银行、公司、保险业、证券公司立即开始开展著作权、专利权等知识产权的信托业务，并扩大该业务的范围。① 例如在 2005 年年底，日本三菱 UFJ 金融集团旗下的三菱 UFJ 信托银行与九州大学下属一风险企业签署合作意向书，意向书载明 UFJ 信托银行受理九州大学下属企业研发的金属加工技术信托，同时三菱 UFJ 信托银行将代理九州大学专利申请等事务。其经营模式是：首先，专利所有权人即企业将专利权转移给银行，专利信托成立；其次，三菱 UFJ 信托银行组织专业人员对受托专利的上市收益进行预期评估，并根据评估结果决定该专利的上市定价及经营模式等，确定好售价后出售给社会上的投资者，受托机构作为中介，应在出售后将所得的收益原封不动交给专利权人九州大学下属企业；最后，在知识产权产品上市或者交易成功后，机构向专利权人收取一定的信托服务费，同时因为信托银行具备专业的评估人员及丰富优质的客户资源，为该受托专利技术找到合适并具有实施能力的受让企业提供了不少的便利，一方面使得受托人不用到处寻找投资人，减少了受托人成本支出，另一方面也提高了受托人的办事效率，通过快速找到专利技术受

---

① 邓净. 发达国家知识产权信托法律制度比较及中国借鉴研究［D］. 南昌：华东交通大学，2014.

让方，促进了知识产权的转化，提高了专利技术转化成功的可能性。日本这种"知识产权人 – 信托银行 – 实施企业"的知识产权信托模式利用信托银行丰富的客户资源，可以尽快找到知识产权实施企业，不仅加快了知识产权转化进程，还加速了企业利用知识产权的融资速度，并有利于知识产权人的研发。

综合来看，知识产权托管与知识产权信托极其相似。就法律关系的性质而言，两者的本质都是以互相信任为基础形成的一种委托关系；从主体而言，都存在委托人、受托人和受益人这三方主体，且缺一不可。通过对英国、美国、德国及日本知识产权信托模式的分析，可以看出，在构建知识产权托管制度时，应注意倚靠市场的调节作用，发挥多方合作的优势，形成"风险共担，利益共享"有益机制。当然，知识产权托管并非知识产权信托，两者最本质的区别在于财产所有权是否发生转移。对知识产权托管的研究，还应根据知识产权托管的特殊性，结合我国当下企业发展的实际情况与需求，剖析当下知识产权托管模式、知识产权托管制度、知识产权托管服务机构、知识产权托管服务双向渠道、知识产权商用化进程中的问题，并进行对策优化和综合探索。

第四节　我国知识产权托管服务的困境及优化对策

一、知识产权托管服务现状及发展趋势

（一）知识产权托管符合中小企业的现实需要

对大型企业来说，要实现自身的知识产权管理和运营，其可以在公司内部设立自己的知识产权管理及运营团队，通过该团队建立自身的知识产权运营体系。以国内某知名的通信提供商为例，其内部就有几百人的团队来专门进行知识产权的管理和运营（而很大一部分基础业务如专利申请仍然需要委托事务所进行处理），该团队能够对行业的技术现状及技术发展脉络进行分析，并参与行业标准的制定。该团队能够独立对新产品的上市进行法律研究，为新产品上市提供调查报告。在年度及重大事项的决策上，该团队能够给技术决策及市

场决策提供数据依据。即，要能够真正实现企业知识产权的管理和运营，团队至少需要囊括技术人才、法律人才、市场人才、财务人才。但这种在企业内部设立专门运营团队的方式对中小企业来说却并不适用。一方面，中小企业的知识产权类型相对单一，数量较少，如有的中小企业只有商标和专利两项知识产权，且每年的专利增长量也基本为个位数，这样的企业如配置专门的知识产权运营团队显然成本太高，对企业来说不实用。另一方面，中小企业的特点是规模小、转型快，还有很多企业是在初创期，因此对行业的影响能力有限。对于这样的企业来说，研究整个行业的技术发展脉络较为困难，参考性也不高。因此，在大型企业中设立知识产权运营团队的做法并不适合推广到中小企业中。

中小企业发展史表明，中小企业与大企业一样，都是现代经济中不可缺少的组成部分。统计数据显示：在意大利、日本和法国，中小企业的数量占企业总数的99%以上；即使是在以大型企业著称的美国，中小企业仍占总数的98%。① 根据《中小企业促进法》以及工信部等四部门联合颁布的《中小企业划型标准规定》，在工业领域，从业人员1000人以下或营业收入40000万元以下的均为中小企业。② 科技型企业是指从事符合国家产业政策、技术政策，知识产权明晰，具有一定技术含量和技术创新性产品的研究、开发、生产和经营业务的企业，如主要从事高新技术产品的研究、开发、生产或者服务的企业。因此，科技型企业一般都投入了比较多的经费和人力来进行技术研发和创新，其产品或者服务因为具有独特的优势而获得用户的信赖和认可。对于科技型企业来说，其产品的价值当然不能等同于物料成本、人力成本的简单叠加。为了有效避免智力成果被窃取，科技型企业应该尤其重视知识产权的保护和运营。在我国，有超过50%的发明专利和超过2/3的新产品都来自中小企业，但同时，又有超过80%的中小企业没有知识产权管理部门，88%的中小企业没有专利交易。③

中小企业占据了企业总数的绝大部分，既然这部分企业不适合在企业内部

---

① 王德侠. 中小企业提升竞争力面临的挑战及原因分析 [J]. 经济研究导刊, 2011（23）: 32.
② 《中小企业划型标准规定》第4条第2款。
③ 王勉青, 林衍, 等. 知识产权托管模式基础问题研究 [J]. 重庆理工大学学报（社会科学）, 2014（8）: 65.

设立知识产权运营团队，但其对知识产权又具有很强的依赖性，对于这类企业来说，要实现知识产权的运营，就必须依托知识产权托管，以委托专业知识产权服务机构的方式全面管理和使用自己的无形资产。知识产权托管能够实现知识产权人才的合理配置，在为企业提供专业的知识产权管理服务的同时减轻企业的人员负担。知识产权托管与传统个案委托管理的最大区别在于：托管服务商会根据委托方要求制定适合该企业的知识产权战略，建立企业的知识产权管理制度，制定知识产权保护的执行方案，提供和搜集无形资产变化的情报等，增强了与企业的互动，能够更充分、更高效地发挥企业无形资产的价值。

（二）知识产权托管仍处于起步阶段

随着经济全球化和贸易自由化的不断发展，以及知识经济的发展和全球化进程的加快，知识产权的地位和作用日益凸显，国内各方主体也愈加重视对知识产权的保护。2008 年 4 月，由北京知识产权局启动的首个知识产权托管工程在海淀区拉开帷幕，翻开了我国知识产权托管的新篇章。2009 年，进一步发起的知识产权托管工程试点又在朝阳、西城、亦庄、丰台、石景山 5 个区县开展。2010 年，知识产权托管工作开展至 4 家中关村科技园区。2011 年 5 月 17 日，国家知识产权局与工业和信息化部依据《关于实施中小企业知识产权战略推进工程的通知》（国知发管字〔2009〕238 号）共同制定并印发了《中小企业集聚区知识产权托管工作指南》。[①] 我国一些产业集聚区陆续展开了知识产权托管试点工作，各地相继增设知识产权托管服务中心，如佛山知识产权托管服务中心等，强调要进一步"创新知识产权托管服务，构建知识产权强国"。[②]

尽管自 2008 年北京知识产权局启动首个知识产权托管工程至今已经过了10 年，但我国的知识产权托管行业仍然处于起步阶段，国内知识产权托管工作的动力主要来自于政府，企业自身缺乏知识产权托管意识。另外，目前主要

---

① 国家知识产权局办公室、工业和信息化部办公厅关于开展中小企业知识产权战略推进工程总结验收工作的通知 ［EB/OL］. （2014 – 07 – 07）［2019 – 01 – 20］. http：//www. sipo. gov. cn/gztz/1099285. htm.
② 创新知识产权托管服务，为构建知识产权强国添砖加瓦 ［EB/OL］. （2018 – 08 – 20）［2019 – 01 – 21］. http：//www. xinhuanet. com/legal/2018 – 08/20/c_129936306. htm.

由主管部门负责遴选知识产权托管服务机构，企业对于托管机构的自主选择权受到限制。知识产权托管仍然有待各方进一步合作、探索。

二、知识产权托管服务现存的问题及优化对策

（一）知识产权托管模式的现存问题及优化

如前所述，我国企业现有知识产权托管模式大致分为完全式托管、顾问式托管及专项式托管。从各地方知识产权试点已开展的工作情况来看，无论采用完全式托管、顾问式托管抑或专项式托管，均由各地知识产权局与中小企业主管部门、中小企业知识产权战略推进工程实施单位及服务机构三方共同推进实施托管工作。[①] 从《中小企业集聚区知识产权托管工作指南》及各地方的知识产权托管实践中不难看出，我国知识产权托管运行模式基本都是由各地政府主导推行，政府指导实施单位对知识产权服务机构进行筛选，机构再入驻中小企业集聚区，区内的中小企业根据自身需求从中选择合适的服务机构，服务机构针对中小企业的知识产权状况和需求主要提供无偿服务，最后政府以减免税收和补贴的形式来推动知识产权托管服务的开展。

可见，政府在知识产权托管过程中所起的作用主要包括决策、参与、指导和监督。知识产权托管服务机构由政府选聘并引导其进行托管服务，几乎成了政府主导下的一种"半官方"性机构，托管工作行政色彩过于浓厚，知识产权托管机构的自主性受到严重限制，缺乏市场竞争机制的介入，难以完全满足市场的需求。另外，《中小企业集聚区知识产权托管工作指南》和托管试点实践中的知识产权托管服务机构主要为入托小型企业提供知识产权信息咨询、分析、申请流程等无偿服务，政府对服务机构给予相应的补贴、优惠政策，使得服务机构的营利性不强。这种低营利性工作极大地影响了托管机构的积极性，导致托管服务程度、服务质量及服务水平的不确定性，制约了托管服务的发

---

① 国家知识产权局，工业和信息化部. 中小企业集聚区知识产权托管工作指南 [EB/OL]. (2011 – 05 – 17) [2019 – 01 – 20]. http：//www. nipso. cn/onews. asp? id = 14251.

展。知识产权的创造、运用、保护和管理毕竟是企业自己的事情，完全可以交由市场去调节。企业若要提高竞争力，自然会做好知识产权工作，不需要政府的推动。然而，对目前的企业来说，知识产权工作一旦失去了政府的推动，似乎也一同失去了动力来源，陷于停顿有点夸张，顿失方向感或许更符合实际。① 因此，在目前现有模式的基础上，政府的职能应当转变。

首先，托管不应按照政府的意志实施，企业与托管机构应当具有双向的自主选择权。企业的自主选择有利于促进托管机构之间的良性竞争，从而提升知识产权托管行业的专业水平。让托管机构自主选择客户，不仅有利于不同技术水平的托管机构找准自己的市场定位，也有利于进一步激励企业提升自己的知识产权质量。知识产权托管本质上属于委托合同关系，企业与托管机构的双向选择也更符合民法上的意思自治原则。

其次，托管相关费用不应完全由政府"买单"。政府在为企业的知识产权托管费用"买单"之前，应当先行对入托企业的知识产权进行价值评估，并对知识产权的价值进行等级划分，对于高价值的知识产权在托管方面加大补贴力度，而对于低价值的知识产权托管的补贴应当进行一定的限制。这样一方面能够将有限的财力用在更有价值的地方，另一方面也能够进一步促进企业进行科技创新，提升知识产权质量。往往具备高质量知识产权的企业，其托管的需求更为强烈。如此，才能促进整个知识产权托管行业的发展。

最后，政府对同一企业或者同一托管机构的资助周期不宜过长。在初期引导阶段，政府可适当投入财力促进企业与托管机构达成协议，但长远来说，政府资助知识产权托管的做法容易使企业与托管机构对政府产生依赖，而使得政府偏离激励企业创新的最初目的。

（二）知识产权托管制度的现存问题及优化

1. 知识产权托管制度现存问题

经过30多年的发展，我国的知识产权事业取得了一定的成果，但相比于

---

① 刘明江. 知识产权托管研究［J］. 河南科技，2016（7）：46.

发达国家，我国知识产权的发展水平仍处于初期阶段，尤其是知识产权托管制度方面，还存在着许多立法空白。

当前涉及知识产权托管的制度或文件主要包括《中小企业集聚区知识产权托管工作指南》和各地实施的鼓励知识产权托管工作开展的通知等。其中，《中小企业集聚区知识产权托管工作指南》作为国家知识产权局、工业和信息化部共同制定的文件，大致介绍了知识产权托管工作的概念、内容、原则与目标，规定了"省、自治区、直辖市、计划单列市知识产权局及中小企业主管部门负责指导实施单位的知识产权托管工作"，"实施单位负责知识产权托管项目的具体实施"，"服务机构负责向托管企业提供专业托管服务"等，并规定各主体在知识产权托管实践工作中的职责，以及"制定方案""推选服务机构""签订合同""托管对接"等托管基本工作流程，但未就知识产权托管工作实践中可能遇到的细节问题进行进一步的规定说明。目前来看，我国知识产权托管方面的立法远远滞后于行业的现实发展。

制度建设与行业发展是有机统一、相辅相成的。制度建设的滞后无法促进行业发展，在知识产权领域更是如此。我国至今没有一部完善的法律以规定知识产权托管方面的各项事宜，实践中必然会产生各种问题。其中，不免有人利用立法的薄弱，钻法律的空子，垂涎他人的智力成果，窃取他人的创造所得。因此，极力优化我国知识产权托管制度显得尤为迫切。应当明确：知识产权托管制度建设的目的在于激发企业的知识产权意识、创新意识，引导越来越多的企业将知识产权作为生存发展和参与竞争的核心资本，实现多方共赢；政府肩负起推动企业特别是中小企业知识产权工作、促进中小企业发展的职责；企业能够获得知识产权方面的咨询、培训服务，促进知识产权意识的增强和申请量的增长；中介机构可以拓展业务范围，培育潜在客户。知识产权托管制度的完善依赖完整的法律体系和政策保障规则。

2. 知识产权托管制度优化方向

应从以下四个方面优化现阶段的知识产权托管制度。

（1）形成托管流程制度。

首先，流程制度应当能够延及知识产权托管实践中可能产生的纠纷，起到防患于未然的作用。其次，知识产权托管流程制度设计应当能够避免手续上的繁琐，有利于托管业务方便快捷地展开。再次，知识产权托管制度应当能够实现资源的有效利用，具有经济性。另外，知识产权托管流程制度应当系统规范行业、行政、司法等各方主体的职责，加大规范的范围，避免局限性。最后，知识产权托管流程应当能够有效提升行业环境，促进行业健康发展。

（2）明确政府在托管制度中的角色定位。

在知识产权托管工作中，政府部门的作用主要体现在以下几个方面：在知识产权托管中发挥主导、指导作用；确定相关遴选标准，并以此标准确定服务机构；为知识产权服务机构与入托企业的对接搭建平台；为知识产权托管工作提供政策支持，如财政补贴；在知识产权托管中发挥监督作用。

（3）培养企业托管人才，规范托管服务机构。

我国中小企业中知识产权"三无"现象普遍，即知识产权无部门、无人员、无投入；而知识产权托管服务机构也是鱼龙混杂，并没有一个制度设计能够帮助入托企业一眼鉴别受托机构或者代理人是否具备相关资质。针对缺乏人员的情况，应当出台制度，加大政府对于知识产权托管人才培养方面的财政投入，引导人才涌向知识产权托管行业。而针对资质不清问题，应当对从事知识产权托管行业的人员设定一个资质上的标准，规范行业健康发展。

（4）制定知识产权产业化制度。

知识产权托管的重点是推动知识产权产业化，在制定一系列制度规制知识产权托管行业后，也应当进一步制定知识产权产业化方面的制度，以求能够切实保障知识产权入托人的知识财产权利益，从而激励企业创新，增强其对于知识产权托管业务的需求，促进知识产权托管行业蓬勃发展。[①]

（三）知识产权托管服务机构的现存问题及优化

1. 知识产权托管服务机构的现存问题

知识产权托管工作需要依托知识产权服务机构来展开。知识产权托管是指

---

① 刘明江. 知识产权托管研究［J］. 河南科技，2016（7）：45.

企业将知识产权相关事务委托给一个专门的服务机构进行管理，通俗地讲，就是企业给自己找一个管家。企业根据管理需求，与托管服务机构签订授权托管协议，托管服务机构代为管理知识产权相关业务，包括申请取得、使用、转让与许可、质押融资、侵权保护和维权等。这样，企业可以更全面地管理和使用自己的无形资产。因此，知识产权服务机构是知识产权托管运行过程中非常重要的一方当事人。我国建立知识产权制度30多年来，知识产权服务机构种类已经较为齐全，且数量众多，在全国分布广泛，这为知识产权托管工作的开展奠定了良好的基础。

按国家知识产权局《中小企业集聚区知识产权托管工作指南》要求，服务机构应具备以下条件：愿意参与知识产权托管工作；业务范围涉及知识产权代理和咨询服务，并具备相应的服务能力；管理规范，机构及其从业人员无不良记录；如分支机构承担托管工作，则该分支机构应具备相应的工作能力，并且能独立开展相应业务。① 目前开展知识产权托管工作的机构自身存在诸多问题，主要体现在以下两个方面：一是缺乏知识产权代理资质。所谓代理资质，不仅仅是具有即可，而是需要从数量上作出要求，具体数量要视情况而定，应当以能够派出专人负责知识产权托管工作为衡量标准。二是缺乏知识产权代理经验。处于起步阶段的代理公司不适合做知识产权托管工作，因为其自身尚处于积累经验的阶段，不能合理有效地指导企业进行知识产权申请及其他工作。只有具备知识产权代理资质且有丰富代理经验的知识产权代理机构，才能被认为基本具备了做知识产权托管工作所需的知识产权代理能力。

此外，服务机构具备了知识产权代理能力并不等于具备了承担知识产权托管工作的能力，只是在目前的情况下，考虑企业的现实情况，知识产权代理能力这个条件显得更为重要一些。除了知识产权代理能力之外，服务机构还需具备为托管企业提供检索分析、预警预测、战略决策等研究咨询服务的能力。这些高阶服务能力的缺乏是知识产权托管制度未来面临的更大问题。

---

① 《中小企业集聚区知识产权托管工作指南》第2条第3款。

2. 知识产权托管机构服务优化方向

（1）帮助企业获取知识产权。

知识产权的获取是知识产权运营的基础。获得的知识产权内容主要包括对商标、宣传广告等对产品或者服务有标识性作用的知识产权的获取以及专利、集成电路布图等技术性权利的获取。在获取的时候需要有专门的规划。以专利为例，在申请之前首先需要区分哪些适用专利保护，哪些适用技术秘密或者经营秘密保护；在申请过程中要选择合适的申请类型，如应该申请发明、实用新型还是外观设计，在申请发明或者实用新型的时候要考虑如何设计权利要求才能真正保护技术，要如何布局专利才能真正保护产品及限制竞争对手等。

（2）帮助企业实施知识产权运营。

知识产权服务机构应有专门的知识产权运营团队来帮助企业实施知识产权运营。该团队由法律、技术、市场、财务等具有专业能力的人员组成，需及时了解最新的法律法规、操作实务及行业的知识产权运营动态等，同时应建立与企业知识产权发展阶段相适应的知识产权信息管理体制，建立内部信息收集程序和外部信息收集渠道。以专利为例，至少需要收集：专利涉及的原始文档及过程记录；专利检索分析、评估与预测研究等报告；有关专利复审、无效、诉讼等法律文件；与专利有关的公文、图书、情报等资料；与专利相关的经营信息和收购、并购信息；专利运营相关的协议、合同等；专利文献，包括主要国家和地区的专利全文及其法律状态和专利申请案卷等；专利工作档案，包括相关考核、奖励、惩处等历史文档。除了收集企业自身专利的信息外，还需要时刻关注企业现有的竞争对手、潜在的竞争对手及行业的发展状况，包括但不限于：所属行业主要竞争对手的最新专利动态，以及业界的专利诉讼、专利许可、专利联盟、专利池等的最新进展；所属行业的专利运营状况，专利交易市场（平台）及其活跃程度等；专利运营相关的其他知识产权数据、文献、法规、政策等信息。[①]

---

① 亢娅丽. 专利信息服务助力专利运营路径探析［J］. 科技经济市场, 2017（5）: 169.

（3）帮助企业形成自己的知识产权管理体系。

在企业内部通过形成鼓励技术创新的机制，同时区分技术类型及机密程度。① 例如，对于产品上市后其技术就会公开的技术内容采用专利的方式进行保护，而对于核心的产品上市后也不会公开的技术内容可以采用技术秘密的形式进行保护。对于技术秘密，企业内部尤其需要采取合理的保护措施，如企业内部可以固定该技术秘密形成的时间、与技术人员签订保密协议等。因为一旦该核心机密被公开而又没有用专利进行保护，这种公开往往会给企业带来巨大的损失。

（4）帮助企业实现知识产权交易。

通过搭建企业托管信息网络共享平台，方便企业随时查询、跟踪和监督托管事务的进度，提高中介服务机构托管工作的服务效率，指导企业充分利用专利信息资源，开展技术创新。知识产权产业化是企业创新、发展和壮大的基础，是企业市场竞争的助推器。知识产权托管工作的重点是协助企业推动知识产权的产业化，充分利用有关展览会、博览会、交易会及网络等渠道，提高知识产权交易的成功率，为企业发展持续不断地增加动力。②

（四）知识产权托管服务双向渠道现存问题及优化

知识产权托管领域诚信机制有待健全。在知识产权领域存在信息不对称的情况。信息不对称指交易中的各方掌握的信息不同。在社会政治、经济等活动中，一些成员拥有其他减负无法拥有的信息，由此造成信息的不对称。这类信息不对称导致交易双方对事物的看法也会有很大的差异。而知识产权领域实质上就是一种典型的不完全竞争市场。知识产权托管机构掌握了知识产品、政策信息及托管产品的所有信息，具有很大的政策和信息优势。而知识产权托管客户对于托管信息的获取途径只有机构网站对服务官方费用的介绍以及报纸、资料上的信息，这些信息经常混杂一些错误的信息，并且托管客户对信息的消化能力略显不足，加之对政策的变化不能提前获取，以及缺乏相关专业知识等，

---

① 刘明江. 知识产权托管研究［J］. 河南科技, 2016（7）：41.
② 程义贵. 知识产权托管和知识产权商用化研究［J］. 中国律师, 2014（2）：67.

无法得到准确的市场信息。托管客户与受托机构之间存在信息不对称的情况，托管客户在托管领域成为严重的"信息劣势者"。

大部分托管机构为了利益的最大化，对其业务人员实行绩效工资制度，将业务人员的薪酬和业务人员的业绩直接挂钩，这使得业务人员为了工作业绩，在介绍服务的时候往往加以类化，对服务结果进行虚假承诺，而对知识产权被驳回的风险却轻描淡写或避而不谈。这使得托管客户对其申请的知识产权形成较高的心理预期。而遇到驳回或复审的情况之后，托管企业的回复却与承诺完全不同，导致托管客户对知识产权托管机构的信心严重下滑。这种薪酬体制虽是托管机构最为理性的选择，却造成了托管机构与托管客户之间信息传递的"噪音"，影响托管客户的自主选择。政府部门作为托管市场政策的制定者，有着明显的政策信息优势。在政府部门和托管客户之间的信息不对称表现在托管客户对政策信息的获得时间和消化能力的差异。少数托管客户能够提前获得政策信息并及时将它们转化成有效的讯息，从中获得政策受益，大多数托管客户则无法提前获取政策信息，接收信息的及时性和准确性大打折扣，从而处于信息劣势。

托管领域市场信息及政策信息不对称现象的存在使得托管客户会因为获取信息的不完整而无法知道准确的讯息，进而对托管机构缺乏信心。对于托管机构来说，这个成本是昂贵的。信息不对称将导致知识产权托管领域以下两个方面的互信风险：第一，信息安全性互信风险。托管机构在对知识产权进行保护和运营的过程中，将会不可避免地接触到企业的核心技术，使企业失去其对本企业核心技术的专属性拥有。而同时，企业对托管机构的信息又知之甚少，在合作谈判时，必然考虑托管机构是否能够对掌握的企业的商业秘密进行严密的控制，为了避免企业或者服务人员泄露有关的商业秘密，向托管机构提供的信息有可能不够全面和真实。因此，在知识产权托管服务中，企业对信息安全性风险的衡量必然关系到双方合作的全过程。第二，服务质量互信风险。在合作的过程中，合作主体考虑到自身利益的最大化，都想要在服务质量、工作效率、付款效率等方面具有高品质的合作，但是真正达成合作也并不意味着完全相信对方的服务质量。合作主体之间的互信主要体现在付款的时效方面。托管机构一般会采用分期付款的方式平衡企业与自身之间的互信。托管机构一旦提出对自身相对有利的服务方式或付款方式，必然引起托管客户的高度警觉，而警觉的过程也同样会因为对托管机构服务信息的缺乏而使合作几率变小很多。托管客户对于托管机构的不信任很可能引起拖延付款，这将导致知识产权申请或政府资助时间的拖延，造成相互信任的恶性循环。日益复杂的服务信息使托管机构难以识别托管消费品中存在的风险，信息的不对称使托管机构在交易过程中成为"信息劣势者"，造成知识产权服务市场中很大的合作障碍。

知识产权领域的服务活动是无形的，不同于制造型、生产型活动，托管机构提供的是无数流动的信息，"信用"对知识产权托管活动来说至关重要。知识产权托管活动是建立在托管客户获取各种信息的数量与质量基础之上的，很多托管机构会利用托管客户在获取信息上的弱势地位，违反相关法规、在服务活动中夸大事实等，损害托管客户的信赖利益。知识产权领域存在的信息不对称状况甚至诱发了一些托管机构的"败德行为"[①]。追求利益最大化的托管机构利用绩效工资制度刺激从业人员利用各种手段增加自己的绩效，而托管客户对知识产权服务的相关法律政策及知识并不了解，维权意识淡薄，让这种情况加剧。市场经济是信用经济，"水能载舟，亦能覆舟"，信用是建立在对知识产权托管机构的信赖基础之上的，失去了托管客户的信赖，托管市场也将随之消失。知识产权领域对知识产权客户的一些夸大、虚假承诺将会严重损害托管客户的信赖利益，也将损害托管服务机构的信誉。

（五）知识产权商用化进程中现存问题及优化

知识产权商用化是企业创新、发展和壮大的基础，是企业市场竞争的助推器，知识产权托管工作的重点之一是协助企业推动知识产权的商用化。

企业可以借助知识产权托管实现知识产权的商业化。因为真正的知识产权商用化不是简单的对外许可和转让，更多的是要有完善的管理制度、风险评估机制、价值评估体系和收益分享机制。而知识产权托管制度的引入，将有利于企业完善知识产权体系，降低商用化风险，提高价值回报率。知识产权托管和

---

① 败德行为，又称为道德风险或道德危机，主要是指具有信息优势的一方为了追求自身利益的最大化，利用信息的不对称，通过隐藏方式实施损害处于信息劣势的一方利益的行为。

知识产权商用化具有天然的内在统一性。知识产权的托管为知识产权的商用化打下了扎实的基础，也是顺利实现知识产权商用化的关键因素。

但是知识产权商业化进程中面临诸多阻碍。第一，知识产权的资产价值被低估。知识产权资产的价值应该从两个角度看，即知识产权的使用价值和市场价值。知识产权市场价值低的主要原因有两个：一是知识产权的保护力度不够；二是企业本身的知识产权没有进行系统化的管理和推广。以专利申请来说，如果在专利申请阶段就考虑专利转化的可能性及可行路径，在撰写专利申请文件时就会对专利的应用和实施有所侧重，这样会让专利更好出售。但这通常需要专业机构的介入，从这个角度来看，知识产权中介机构的整合及服务的综合化、高端化也是知识产权商用化很重要的因素。第二，知识产权资产价值评估体系的发展尚处于初级阶段。知识产权资产价值的确定和评估是知识产权商用化的关键环节。只有通过价值评估机构的权威评估，才能使知识产权的价值获得资本方的认可和信任。① 因此，就需要加快知识产权资产评估体系的发展，从而对知识产权进行科学、客观的价值评估，加快知识产权商用化进程，探索建立评估体系，尽快研究制定出科学的知识产权评价标准和评价程序，促使更多的知识产权得以实施、转让。

一般而言，知识产权商用化可以通过对外许可（包括独占性许可、排他性许可）、转让、对外投资和企业融资等实现。知识产权还可以通过信托或知识产权资产证券化来进行商业推广和应用，具体有以下几种途径：第一，知识产权的商品化。以知识产权自身为商品，通过知识产权所有权或使用权的转移获得直接经济收益。第二，知识产权的资本化。风险投资和知识产权中介市场的兴起使得知识产权资本化成为可能，知识产权的资本化能够使知识产权的创新属性和资本属性的杠杆作用得以发挥，从而实现较大的收益。第三，知识产权的标准化。以知识产权的法律属性所蕴含的竞争规范作用为基础，通过支撑知识产权的标准、品牌等进一步推动知识产权标准产业化，构成市场竞争壁垒，获得超额收益。总之，知识产权商用化是一项系统工程，要加快企业知识

---

① 程义贵. 知识产权托管和知识产权商用化研究［J］. 中国律师，2014（2）：67.

产权商用化的步伐，必须采取对策排除制约企业知识产权商用化的障碍因素①，政府、企业、中介三方共同努力，协同配合，积极发挥政府监管、企业主体、中介服务的作用，方能取得理想的效果。

小　结

知识产权托管服务是一种基于知识产权的法律界定性和长期持有、非货币性、创造经济效益不稳定的无形资产特性提出的一种新的服务模式。知识产权产业化是企业创新、发展和壮大的基础，是企业市场竞争的助推器。知识产权托管能充分利用有关展览会、博览会、交易会及网络等渠道，提高知识产权交易的成功率，为企业发展持续不断地增加动力，推动知识产权的产业化，是实现知识产权资产价值转化的重要形式之一。

应以"双方自愿、诚实守信"为原则，构建供需对接平台，优化资源配置，引导、推动和帮助各类企业与优秀知识产权服务机构开展紧密合作，为企业提供知识产权公共服务和专业化托管服务，有效提升企业的知识产权创造、运用、保护和管理能力；以培育一批知识产权优势企业为目标，在签订严格保守企业商业秘密的授权托管协议前提下，代为管理知识产权相关的业务，包括咨询、申请取得、知识产权使用、知识产权转让与许可、知识产权战略、知识产权评估及质押融资使用、知识产权变现、知识产权侵权保护和维权等，积极创新知识产权托管形式，优化知识产权托管服务。

---

① 程义贵. 知识产权托管和知识产权商用化研究 [J]. 中国律师，2014（2）：67.

附录 论科技创新环境下企业知识产权布局[*]

科技创新引领产业升级转型，但产业转型升级过程中对知识产权布局的忽视产生诸多问题。应调整知识产权保护与运营策略，既要重视事后救济，又要形成良好的知识产权布局策略，重视事前保护；既要重视研究开发，又要重视知识产权价值转化利用。在充分研发、挖掘企业及产业内知识产权资源基础上，形成完整的企业自有专利资产管理与专利资本运营链，制定企业品牌战略规划，形成版权战略机制，统筹企业商业秘密的保护和利用，形成良好的企业知识产权布局。

知识产权布局工作是在国家推动创新驱动发展和供给侧结构性改革的背景下展开的，现阶段企业的知识产权布局利好，直接影响着企业进军市场的潜力与实力。在产业升级过程中，尤其对科技创新型企业来说，应做好自身的知识产权布局工作，既要强化对企业自有知识产权的保护，又要有效避免侵犯他人知识产权；既要发掘自身潜力，创造企业自有知识产权，又要通过知识产权运营、联盟、标准等必要合作形式发挥知识产权最大价值。在现有知识竞争市场的环境下，企业知识产权布局理念对于科技创新型企业来说无疑具有全局性的意义。

产业升级环境下的商业运作逐渐转变成知识产权商业游戏。[1] 既要重视知识产权的保护，更要专注于知识产权的利用与运营。现阶段在产业升级过程中对知识产权布局的忽略将直接影响企业的生存与发展状态。以专利为例，对专利申请的忽视将直接导致企业丧失核心竞争力，形成疲软竞争；对专利管理的

---

* 本文首发于《科技与法律》2017 年第 8 期。

[1] Harry J. Gwinell, Katherine S. Boyle. Ascending the intellectual property management pyramid [J]. Journal of Chemical Information and Modeling, 2014（53）：1689 – 1699.

忽视，一方面会使企业无法发挥自有专利的价值，另一方面企业无法了解国内外专利的市场布局状况，造成一叶障目之局。对专利争议的忽视将直接导致企业陷入诉讼旋涡，对品牌、版权、商业秘密保护的忽视同样会造成不可挽回的损失。

现有产业升级环境下的企业竞争更依赖于技术的创新、品牌的运营、版权的救济和商业秘密的保护。技术创新依赖于形成完整的专利资产管理与专利资本运营链；品牌的运营依仗于系统化的商标运作策略；版权的救济依靠版权的增值价值及法律的保障；商业秘密的保护依托于行之有效的商业秘密保护策略。本文将针对产业升级环境下的企业知识产权布局，从专利、品牌、版权、商业秘密角度对其主要内容、核心工作、运行机理、内在联结等方面进行探讨与分析。

一、重视企业专利资产管理与专利资本运营

专利对于科技创新企业来说既是竞争优势又是生命活线。科学、合理的专利资产管理有利于企业专利资本的高效运营。[①] 资产管理主要涉及专利信息管理、专利申请管理、专利利用管理、专利交易管理、专利争议管理等。在企业专利资产管理过程中，既要注意挖掘具有价值的可申请技术，又要对企业拥有的专利资源进行整体布局与把控，重视专利申请的质量。[②] 对于企业专利资本运营，既要积极许可，又要积极促进专利联盟或专利标准的实现。

（一）做好专利查新与专利挖掘工作

专利查新是指企业根据自身需要，在商业性数据库或公共数据库上，基于对产品技术关键词的提取、归纳，形成相应检索式，进行文献检索，判断研发技术是否符合专利法意义上的新颖性、创造性要求。专利挖掘是指在产品研发或技术开发过程中，对现有技术成果进行法律层面的剖析、拆分和筛选，结合

---

① 何敏. 论企业专利运营中的 SEBS 平台 [J]. 知识产权，2016（5）：85.
② Jeremy W. Back. Patent quantity [J]. 38 U. Haw. L. Rev. 287, 2016：292.

专利查新的结论，形成新的技术要点或技术方案的专利布局方法①，其采用的方法包括但不限于原创技术拆分、专利借鉴、二次研究、改进开发等。通过专利查新及专利挖掘工作，形成符合企业及市场需要的具备专利权利价值与专利技术价值的专利资源。

（二）实现企业自建专利专题数据库

企业自建专利专题数据库是指企业根据特定产品所涉特定专题形成的具有企业本地属性的个性化、自建型专利专题数据库。② 该数据库在企业内部的电子化信息平台上为企业构建起可适时更新的有关企业产品及研发的专题性专利数据系统，并为企业进行资产管理、产品研发、风险管控、资本运营、权益维护等活动提供专利信息管理、调用和分析系统，为企业充分、有效利用专利信息及专利资产进行资源优化配置提供科学高效、合理合法的信息支撑。企业自建专利专题数据库是企业开展专利资产管理的重要工具，也是企业进行专利资本运营的基础。

（三）积极进行专利许可与转让

专利许可与转让是企业实现自身专利价值、盘活专利资源的重要方式。专利许可的方式包括独占许可、排他许可及普通许可脱胎于上述三种传统的专利许可模式，目前衍生出交叉许可、专利联盟、标准必要专利等特殊的专利许可运营模式。交叉许可（cross‐licensing）或称联营协议，是指交易各方基于专利战略需要，在一定条件下，将各自拥有的专有技术及已获权专利进行相互许可使用。专利联盟（intellectual property alliance）是交叉许可的规模化，是区域性的或产业性的交叉许可模式，指企业之间基于共同的战略利益，以一组相关的专利技术为纽带达成的联盟，联盟内部相互优惠地使用对方专利技术，或联盟内企业实现专利交叉许可的运营模式。标准必要专利（standard essential patent）是指企业专利成为行业内或产业内的产品技术标准，任何生产或制造

---

① 百度百科. 专利挖掘［EB/OL］.（2017－08－01）［2019－01－23］. https：//baike. baidu. com/i-tem/% E4% B8% 93% E5% 88% A9% E6% 8C% 96% E6% 8E% 98/5228667？fr = aladdin.

② 何敏. 论企业专利运营中的 SEBS 平台［J］. 知识产权，2016（5）：85.

该产品的企业都需要获得该专利许可。与许可不同，专利转让是对专利的卖绝性转让，意味着专利资产价值一次变现。

（四）妥善处理专利争议

对于专利争议，既要做好专利争议发生前的专利预警及专利规避等准备工作，又要形成符合法律逻辑的专利争议处置办法。企业内部应形成相应的专利预警机制，在专利技术产品进入市场前，及时对专利技术风险及专利权利价值风险形成相对客观的评估报告，针对报告内容准备相适应的应对方案，做好不安调查工作。对于已构成对现有技术侵权的情形，需要对现有技术的权利边界进行准确界定，在界定基础上寻求绕道技术、替代技术或改进技术，从而确定专利规避方案。① 在面临专利争议时，既要对专利权利价值进行评估，明确专利是否存在被无效的威胁，又要积极搜集证据，形成完整的司法证据链，有逻辑、有层次、有计划地应对专利争议。

二、构建企业品牌战略规划

企业品牌蕴含巨大价值。以"乔丹"案②为例，"乔丹"品牌既给乔丹体育带来巨大的商业价值，也因为后期陷入姓名权、商标权纠纷，"乔丹"品牌成为乔丹体育上市的最大"拦路虎"。"IPAD"商标巨额赔偿案③、"非诚勿扰"商标纠纷案④等均显示现有产业升级的市场环境下商标品牌布局工作对企业的重大意义。

（一）形成系统的商标注册策略

企业在注册商标时应当选择具有新颖性、独特并且显著性强的商标进行申请，所申请注册的标识应当具备显著特征，亦不得与他人在先取得的合法权利

---

① 何敏. 企业知识产权管理战略 [M]. 北京：法律出版社，2006：145.
② （2016）最高法行再 27 号。
③ （2010）深中法民三初字第 208、233 号。
④ （2016）粤民再 447 号。

相冲突。为保护主申请商标或避免主申请商标无法获准注册等情形，可以申请联合商标与防御商标，以防他人"搭便车"或恶意注册。同时，企业不仅需要关注自身商标状态，还应时刻监测竞争对手的商标状况，要尽量形成区别特征，培育自身商标品牌价值。

（二）探索可行的商标运营模式

商标权是指商标所有人对其注册商标所享有的财产权利。商标权利人既可以选择在企业自身产品上使用相应商标，亦可以通过许可或转让等其他方式获取相应收益。其中，商标使用许可是指商标权人通过合同约定等形式许可他人在合同约定的地域范围和时间内使用该商标，是一种将商标使用权与所有权相分离的获益方式。商标运营基本建立在商标许可基础之上，除传统的普通许可、独占许可、排他许可等模式外，商标运营还有一些创新的形式，包括商标的特许经营（franchise）、品牌战略联盟（brand strategic alliance）或品牌产业联盟（brand industry alliance）等。要不断打造品牌元素，将品牌概念融入企业文化、产品文化、产业文化，形成行业间或产业间的品牌交易平台，充分发挥品牌自运营作用。同时，在品牌运营过程中，要重视商誉的作用。商誉是指能在未来为企业经营带来超额利润的潜在经济价值，是企业整体价值的重要组成部分。① 它与凝结在商品中的无差别人类劳动一样，具备相应的价值，因此要重视企业商誉的累积与维护工作。

（三）构建系统化的商标维权策略

商标维权是品牌战略规划中最关键也是最薄弱的一环，应有体系、有战略目的地部署商标维权策略。在遭遇商标侵权或商标争议之前，应积极认定名牌、著名商标，重视品牌的价值与知名度，扩大品牌的区域影响力；在商标争议过程中，应积极搜集商标侵权证据，形成完整的证据链；在品牌具备一定知名度情况下，可以对企业自有商标进行阶段性的监测及排查工作，预防商标侵权。

---

① 吴汉东. 论商誉权［J］. 中国法学，2001（3）：92.

品牌蕴含巨大价值。现有产业升级环境下于产品之中凝聚的品牌附加值越来越凸显，因此更要重视品牌的作用。在构建品牌战略规划时，既要依靠市场，使品牌文化元素易被市场接受，又要具备独特的区别特征，发挥自身的区别优势；既要发展自有品牌，又要重视品牌交易的价值。

三、形成版权战略机制

现阶段科技创新企业越来越重视版权资源的挖掘。除了传统音乐产业、网络游戏、软件开发行业及影视行业对版权资源的依赖，现有产业环境下，企业同样注重自身版权文化元素的保护。此种符合著作权法意义上独创性要求的版权文化元素或作品同样具备巨大的价值。

（一）厘清受版权法保护的作品

受版权法保护的作品需满足两个要件：一是作品必须具有独创性，既独立创作、源于本人；二是能以有形形式复制。[①] 对独创性的判断是鉴别是否属于版权法意义上作品的关键。要区别独立创作与适当借鉴的程度，著作权法并不排除合理借鉴；要区分思想与表达的界限，著作权法仅保护作品的表达，而不延及思想，应坚持"思想表达二分法"[②]；要判断引用的素材是否为公有领域，著作权法保护的真正领域是被私人所占有的领域，是源于作者本人的独立创作。

（二）合理管理与利用版权资源

首先，要尽可能地进行版权登记工作。作品一经创作完成，作者即享有著作权。这导致著作权纠纷发生时，作品归属难以确定。而作品一经登记，不仅可以在版权的转让、许可等交易活动中明确版权归属，在发生侵权纠纷时还可以作为强有力的证据。其次，建立版权综合管理机制。建立版权作品状态数据

---

① ② 王迁. 知识产权法教程 [M]. 4 版. 北京：中国人民大学出版社：49 – 53.

库、版权同行竞争数据库及版权侵权数据库①，及时区分哪些属于公有领域作品，哪些属于竞争对手拥有的版权作品，同时对版权作品价值等级进行区分，对具有高价值的版权作品进行登记保护。最后，要搭建同行业或跨行业的版权交易平台，积极实现版权的转让、许可与质押。版权转让是指版权人依据合同，将其依法享有的全部或部分财产权利的所有权转移给受让人。版权许可所转移的仅仅是财产权利的使用权，被许可人仅可以在许可合同规定的范围内行使权利。版权质押则是将版权作为标的进行质押。版权交易是实现版权价值的关键。②

（三）形成立体化的版权侵权救济体系

版权是一种依法自动产生的民事权利。与一般民事权利相比，其具有客体无形、地域性及受法定时间限制等特点，他人无意及无过失闯入权利人的专有权范围的可能性与实际机会比之其他专有权利要更为普遍。③ 对版权侵权的救济，既要重视事后救济，更要重视事前保护和主动保护；既要重视传统的救济模式的运用，又要灵活运用制止即发侵权、技术措施保护和版权集体管理等独特而有效的方式和途径。要立足于现有作品基础之上，形成企业独有的立体化的版权侵权救济体系。

四、统筹商业秘密保护和利用

商业秘密的保护是维护企业核心竞争力的重要途径，有效地保护商业秘密有利于企业在竞争中处于优势地位，是促进企业稳定发展、维持企业生命力与竞争优势的关键。尤其是对产业升级过程中的科技创新企业，更要重视商业秘密的保护。但目前很多企业仍无法准确甄别商业秘密，对于商业秘密的保护亦无行之有效的方案，导致在发展过程中遇到重重阻碍。因此，准确界定商业秘密的内容，建立商业秘密保护预警机制，就显得尤为重要。

---

① 从立先. 出版融合中的企业版权战略 [J]. 中国出版, 2016 (19)：17.
② 来小鹏. 版权交易制度研究 [M]. 北京：中国政法大学出版社, 2009：16.
③ 何敏. 知识产权法总论 [M]. 上海：上海人民出版社, 2011：125.

（一）明确界定商业秘密

《反不正当竞争法》对商业秘密的界定提出了"三性"要求，即秘密性、价值性和保密性。此处所指的"秘密性"，是指该商业秘密不为公众所普遍知悉，亦不能从公开渠道直接获取。但为完成某项成果鉴定，或因业务需要而为已签署保密协议的企业内部员工或业务关系人所知，并不破坏商业秘密的"秘密性"。"价值性"是指该特定信息能够给权利人带来经济利益，获得竞争优势（competive advantage），哪怕该竞争优势相对于现有技术来说是极微小的。[①]"保密性"是指商业秘密所有人对该秘密信息采取了相应的保密措施。

（二）维护企业商业秘密

首先，要树立商业秘密保护观念。企业对商业秘密的管理应当具有超前意识，基于全面系统的评估，预测可能出现的情况，通过保密协议约定、隔离等相关保密措施，将风险控制在一定范围内。其次，应建立商业秘密档案管理制度。对商业秘密档案的原件、附件进行集中管理，及时确定文件的秘密等级，确保商业秘密信息安全。再次，提高员工商业秘密保护意识。应当重视对员工商业秘密保护意识的培养，并且签署有特定针对对象的保密协议，必要时亦可签署竞业禁止协议。最后，建立商业秘密保护预警机制，明确责任制度及应急预案。通过责任制度明确违反商业秘密保护制度员工的责任，在商业秘密泄露时通过应急预案及时将损失降到最低。

（三）加强企业商业秘密的转化利用

相较于专利，商业秘密具有技术保密的优势，但同时也存在被反向工程的威胁。商业秘密带来的竞争优势也许仅仅可以维持几个月，相较于投入的诸多研发成本而言，反而可能成为企业的负担。要平衡商业秘密保护与专利申请，不能所有技术都依赖于商业秘密加以保护，亦不能所有技术都依靠专利加以保护。要对企业拥有的技术方案进行整体考量，同时综合市场的竞争情况，综合

---

① 黄武双. 美国商业秘密侵权诉讼中的临时救济措施［J］. 知识产权法研究，2011（2）：16 - 19.

布局。商业秘密虽然有保密性要求，但并不妨碍在签署保密协议等合同的约束下与他人进行技术许可、技术转让，要充分发掘企业商业秘密的价值。

五、结语

知识产权是推动经济发展、提高科技创新的核心力量，随着我国产业升级的不断推进，企业应当重视知识产权为自身带来的经济利益，既要促进企业自主创新和形成自主知识产权，充分发挥知识产权优势，又要推动企业强化知识产权保护及运营意识，从提升竞争优势角度对知识产权进行有计划的组织、协调、保护[①]；既要发挥技术创新的作用，形成完整的专利资产管理与专利资本运营链，又要实现品牌的效应，构建系统化的品牌运营策略；既要形成立体化的版权侵权救济体系，又要统筹好企业商业秘密的保护和利用工作，形成良好的企业知识产权布局。

---

① 冯晓青. 企业知识产权管理基本问题研究［J］. 湖南社会科学，2010（4）：54 - 55.

第四章　知识产权资产证券化

知识产权资产证券化，代表着资产证券化的基础资产由实物资本转向知识资本。世界上最早的知识产权资产证券化实践发生于 1997 年，其基础是英国著名摇滚歌星 David Bowie 在 1990 年以前录制的 25 张唱片的预期版权（包括 300 首歌曲的录制权和版权）许可使用费，在 Pullman Group 的策划下发行了 Bowie Bonds 证券，该证券为 David Bowie 筹集到了 5500 万美元的资金。在那之后，知识产权资产证券化的基础逐渐扩大。从国外实践来看，基础资产已由最初的音乐版权拓展到电子游戏、电影、休闲娱乐、演艺、主题公园等与文化产业关联的知识产权，以及时装的品牌、医药产品的专利、半导体芯片，甚至专利诉讼的胜诉金。[①] 虽然知识产权资产证券化在资产证券化中的比重还较小，但是从知识经济的发展态势来看，知识产权资产证券化将有巨大的发展空间。

就我国国情而言，党的十八大提出，"科技创新是提高社会生产力和综合国力的战略支撑，必须摆在国家发展全局的核心位置"，强调要坚持走中国特色自主创新道路，实施创新驱动发展战略。2017 年，国务院印发《国家技术转移体系建设方案》，明确提出要完善多元化投融资服务，具体措施之一就是"开展知识产权资产证券化融资试点"。2018 年 4 月新华社发布《中共中央国务院关于支持海南全面深化改革开放的指导意见》全文，提出"实施创新驱动发展战略，设立海南国际离岸创新创业示范区，建立符合科研规律的科技创新管理制度和国际科技合作机制，鼓励探索知识产权证券化，完善知识产权信

---

① 杨亚西. 知识产权证券化：知识产权融资的有效途径 ［J］. 上海金融，2006（10）：32.

用担保机制"。在此背景下，结合我国实际探索和研究知识产权资产证券化具有重要的价值。

第一节 知识产权资产证券化的基本理论

一、知识产权资产证券化的概念及实质

研究知识产权资产证券化问题，首先需要明确知识产权资产证券化的内涵和外延。目前在我国，对知识产权资产证券化的定义较为主流的观点认为知识产权资产证券化应是指"发起人将未来可预期的知识产权未来许可使用费和已签署的许可合同中的保障支付的使用费（也就是一种可以预期的稳定的现金流）作为基础资产支撑，通过一系列的金融结构安排对其中的收益要素和风险进行重组和隔离，转移给特殊目的机构（Special Purpose Vehicle，SPV），以发行根据此项基础资产作为担保的可以流通的权利凭证，据以此融资的过程"[1]。也有学者将知识产权资产证券化定义为："是指发起机构将其拥有的知识产权或其衍生债权（如授权的权利金）转移到特设载体（SPV），再由该特设载体以该笔资产作为担保，经过重新包装、信用评级、信用增级后，发行在市场上可流通的证券，以此为发起机构进行融资的金融操作"[2]。上述定义的不同源于对知识产权资产证券化定义角度的不同，折射出对知识产权资产证券化实质内容的不同理解。主流观点认为知识产权资产证券化的基础资产是知识产权未来许可使用费和已经签署的许可合同中保障支付的使用费，另一部分观点则认为基础资产为知识产权或其衍生债权，其资产是权利而非费用。本书认为，从传统证券化客体如应收账款等基础资产的特点来看，采取主流观点的理解更为合适。

上述定义虽然存在区别，但不可否认的是，两种定义均揭示了知识产权资

---

① 董涛. 知识产权证券化制度研究 [M]. 北京：清华大学出版社，2009：29.

② 钟瑞栋. 知识产权证券化风险防范的法律对策 [J]. 厦门大学学报（哲学社会科学版），2010（2）：58.

产证券化过程中的某些共性问题，揭示了知识产权资产证券化的实质，即把知识产权资产（商标、专利、著作权等）所能产生的稳定现金流通过金融手段进行证券化，达到将知识产权未来的可预见效益通过证券化手段迅速转变成现有资金的效果。通过金融手段最大限度地开发知识产权资产价值，充分利用知识产权的担保价值。作为知识产权运营模式的创新形式之一，知识产权资产证券化对知识产权的运用、发展及相关制度完善具有重要意义。

二、知识产权资产证券化的特征

知识产权资产证券化本质上是资产证券化的一种，其作为一种金融手段，是对资产证券化的创新。与传统资产证券化相比，由于知识产权资产证券化的基础资产涉及知识产权，知识产权客体非物质性这一基本特征使得知识产权资产证券化的客体与传统资产如应收账款、住房抵押贷款等相比较具有特殊性，这种特殊性造就了知识产权资产证券化的独特性。具体而言，其特征主要体现在以下三个方面。

（一）资产基础的权利人及其法律关系复杂

与传统资产相比，知识产权资产证券化的基础资产情况更为复杂。如上文所述，主流观点认为知识产权资产证券化的基础资产在于未来许可使用费和已签署的许可合同中的保障支付的使用费，基础资产离不开对知识产权的运用。相对于传统基础资产单一、简单的权利人及其法律关系而言，作为知识产权资产证券化基础资产来源的知识产权上的权利人及其法律关系相对复杂。例如，在专利领域，可能存在合作发明、职务发明权利归属的问题，以及在先许可授权的问题；在版权领域，由于作品类型多样，对于综合型作品如电影作品而言，存在剧本作品作者、音乐作者、摄影作品作者等多个权利主体，在资产移转过程中可能需要得到多主体的授权，此外还可能存在职务作品乃至继承人继承权等问题；对商标而言，由于商标领域存在大量的授权他人使用的情况，不可避免地会出现移转资产前存在多个商标使用权人的情况。

知识产权资产证券化过程中利用基础资产打包组成资产池时，资产池中基础资产的所有权必须清晰，一旦发生纠纷，对于证券化的其他步骤将造成巨大影响，甚至可能导致证券化失败。[①] 因此，知识产权基础资产的权利主体及其各自权利的全面明晰界定就成为证券化的必经程序，也成为一个实践难点。

（二）基础资产的价值难以评估

在传统的融资方式下，投资者或者资金供给方如果打算投入资金，首先要考虑的是资金需求者自身的负债、利润和现金流等财务情况，即使将抵押资产纳入参考范围，也只是作为对资金需求者财务状况的一种补充。而资产证券化是以可预期的未来现金流为支持而发行证券融资的过程，投资者可以不再看重资金需求者的财务状况和信用级别，而是将要证券化的基础资产的预期收益作为着重考量的对象，预测知识产权未来的现金流相较于传统资产评估而言更复杂且难度大，具体体现在以下几个方面。

首先，评估资产未来现金流需要该资产过去几年收入的历史数据，而与传统资产相比，知识产权缺乏系统的统计数据用于精确评估未来的现金流。其次，资产评估的最终目的是确定知识产权现在的价值和通过未来的运营所能得到的价值，在证券化中，评估强调知识产权的未来利益。知识产权的未来价值受市场的不确定性以及保护力度等因素的影响较大，导致评估机构很难对知识产权的价值进行精准的评估。[②] 例如，在专利领域，技术的更新迭代将带来专利价值的急剧变化，专利还有被宣告无效的风险；在版权领域，高速发展的宽带技术和P2P技术使侵权更容易，给作品现金流评估增加了难度，侵权行为的多样性和不可规避性可能严重侵蚀作品的现金流；对商业秘密而言，由于其时间性与专有性上的不确定及不公开性，其现金流评估更困难。最后，知识产权资产评估仍是一个有待发展的领域，知识产权资产评估方法仍然存在争议。

（三）未来现金收益稳定性差

知识产权资产证券化的根源是知识产权未来可以预期的现金流，未来现金

---

① 郝嘉岩. 知识产权证券化若干问题研究［D］. 沈阳：沈阳工业大学，2017.
② 梁张华. 知识产权证券化的风险及其控制研究［J］. 价值工程，2013（6）：155.

流收益的稳定性直接关系到知识产权能否成功证券化和证券化后的市场状态。知识产权具有的无形性等特点使知识产权相较于其他固定资产而言更容易受外界因素的影响，影响稳定性的因素很多。[①] 例如市场供需关系，供需关系的本质是供大于需则价格降低，需大于供则价格上升，市场的需求将影响到未来现金流的产量。在知识产权领域，尤其是专利领域，技术的发展变化极容易导致供求结构的改变，进而影响知识产权的现金流。再如，专利技术水平的高低与保护力度直接影响知识产权的价值，技术水平高则被复制、模仿、超越的可能性就低，保护力度低则被复制、模仿、超越的可能性就高，从而影响知识产权的价值及未来现金流的稳定性。

三、知识产权资产证券化的交易流程

知识产权资产证券化具有精巧的结构和复杂的法律关系，涉及众多的参与主体。虽然知识产权权利种类众多、特性各异，每一项知识产权资产证券化交易都有独特之处，但是作为资产证券化的深化，知识产权资产证券化也具有资产证券化的共同特性，存在基本的交易结构样态：在投资银行等专业机构的安排下，发起人按一定标准挑选出符合条件的知识产权，并将其组合成知识产权资产池，然后将其出售或信托给特设载体 SPV；SPV 对受让的知识产权进行加工、信用增级与包装，使基础资产达到一定的质量与信用级别；此后，SPV 通过投资银行等机构的安排，以基础资产为支撑向投资者发行知识产权资产证券；最后，SPV 将发行证券所募资金作为基础资产对价支付给发起人，将基础资产产生的净现金流作为投资收益支付给知识产权资产证券持有者。[②] 具体的知识产权资产证券化交易流程如下。

第一步，创建知识产权资产池。发起人对能产生可预测现金流的知识产权进行选择打包，构建知识产权资产池。该知识产权可以是发起人原始所有，也可以由发起人从知识产权许可人处获得。为了能够成功地发行证券，发起人首

---

① 郝嘉岩. 知识产权证券化若干问题研究［D］. 沈阳：沈阳工业大学，2017.
② 李劼. 知识产权证券化的风险及其防范探究［J］. 金融经济，2015（8）：84.

先要对自己拥有的能够产生未来现金流量的知识产权进行清理、估算、考核，然后根据证券化目标确定将哪些知识产权用于证券化，最后把这些知识产权组合，形成一个资产池。

第二步，移转知识产权资产池至 SPV。SPV 是一个具有破产隔离功能的特殊目的载体，分为两种，即特殊目的公司（Special Purpose Company，简称 SPC）和特殊目的信托（Special Purpose Trust，简称 SPT）。将知识产权资产池移转给该目的载体，可以使被证券化资产从发起人的资产中独立出来，实现破产隔离功能。真实移转能够确保 SPV 及其财产不受发起人破产的影响，拟被证券化的知识产权资产池被转移给 SPV 后就置于发起人的其他无担保债权人获偿的范围之外。相反，如果现金流的转移被认为是担保贷款，法院可能认为该财产仍属发起人，而 SPV 只在该财产上拥有担保物权，则发起人的破产将影响投资人按时收回报酬。

第三步，完善交易结构，进行内部评级。根据知识产权期限、知识产权涉及的行业等特点，SPV 对资产池的风险和收益进行结构性重组，降低总体风险水平。此外，SPV 还将与发起人指定的中介机构签订服务合同，与发起人一起确定托管银行并签订托管合同，与银行达成提供流动性支持的周转协议，与证券承销商达成承销协议，以完善交易结构。随后，请信用评级机构对这个交易结构及设计的知识产权支持证券进行内部评级。

第四步，信用增级。SPV 受让的基础资产往往难以达到理想的信用级别，为吸引投资者，SPV 需要综合考虑成本和信用等级因素，进行必要的信用增级（credit enhancement），保证证券达到投资者要求的信用级别。信用增级方式有三种：一是破产隔离，即通过剔除发起人破产风险对投资收益的影响，提高知识产权支持证券信用等级；二是划分优先证券和次级证券，使优先证券清付本息先于次级证券，即清付优先证券本息后再对次级证券还本，这样就降低了优先证券风险，提高了它的信用等级；三是金融担保，即 SPV 向信用级别很高的专业金融担保公司办理金融担保，由担保公司向投资者保证 SPV 将按期履行还本付息义务。这样，可将知识产权支持证券信用提升到金融担保公司的信用级别水平。①

第五步，发行评级。信用增级后，普通投资者无法考察发行人对知识产权证券还本付息的能力，需要由一个独立的信用评级机构完成这一工作。SPV 聘请信用评级机构对资产证券进行正式的发行评级，信用评级机构应向投资者公告评级结果。

第六步，发行证券。信用增级之后，知识产权证券已具备了较好的信用等级，能够以较好的发行条件出售。此时，知识产权证券的发行人根据不同投资者对风险和收益的偏好情况对知识产权资产进行打包，发行不同层级结构的证券。

第七步，后续管理。发行人指定一个资产管理公司或亲自对知识产权资产池进行管理，具体包括收取、记录资产池产生的现金收入，并将其转存到证券托管银行。最后由托管银行向证券购买者进行偿付，并向信用评级机构及各中间机构支付费用积累资金。②

第二节　域外知识产权资产证券化的发展态势

一、美国：市场主导型证券化模式

（一）美国知识产权资产证券化发展历程

华尔街流传着这样一句话："只要你有现金流，那么，你就可以做成证券销售。"在这样的金融氛围之下，世界上第一例知识产权资产证券化的案例诞生在美国也就不足为奇了。从 1997～2017 年的 30 年间，知识产权资产证券化在美国经历了萌芽、发展到逐渐成熟的过程，这一过程也是一个从探索到推广、从设立专门 SPV 到 SPV 常设化、从面向私募基金发行到寻求进入资本市

① 董涛. 我国推行知识产权证券化制度问题研究 [J]. 当代经济科学, 2008 (3): 77.
② 董涛. 知识产权证券化制度研究 [M]. 北京：清华大学出版社, 2009: 250-262.

场的过程。

美国知识产权资产证券化始于鲍伊案。1997 年，英国创作型摇滚歌手大卫·鲍伊因陷入税务纠纷，短时间内需要大量的资金，鲍伊遂选择和美国著名的投资银行普曼集团合作，将其于 1990 年以前录制发行的 25 张专辑（包括287 首作品）的版权打包进行证券化。发行方将鲍伊作品产生的所有收入（含广告费用、唱片销售收入、广播和演出带来的版权收入及电影改编授权费等）以利息的形式支付给证券的拥有者。此次债券的发行总额为 5500 万美元，10年期限，利率为 7.9%，比同期 10 年期限的国债利息率和公司债券收益都要高，金融界称之为"鲍伊债券"。鲍伊债券采取私募发行方式，由保德信证券投资信托公司全额认购。① 鲍伊证券的发行具有开创性的意义，开启了知识产权资产证券化的先河，开拓了资产证券化的领域，将传统资产证券化的对象扩展到了知识产权。

鲍伊债券案之后，美国开始出现一系列知识产权资产证券化的交易案例。从美国知识产权资产证券化的实践来看，知识产权资产证券化的基础资产可以说是十分广泛的，时至今日，其基础资产范围已扩展至诸如电影、演艺、休闲娱乐、电子游戏及主题公园等与文化产业息息相关的知识产权，以及医药科技产品的专利、时装品牌、半导体芯片技术，甚至与专利有关的诉讼胜诉金都可纳为知识产权资产证券化的基础资产。知识产权资产证券化在美国发展迅速，其交易金额最初仅为 3.8 亿美元，至 2000 年已增至 11.3 亿美元，交易总规模更是扩大到 20.4 亿美元。

2005 年，Tideline 交易案实现了知识产权资产证券化的进一步发展，它改变了为某一次特定交易而设立临时 SPV 的做法，建立了长期独立的专业化 SPV。这样不仅降低了证券化融资的成本，还能提高证券化效率，也表明美国知识产权资产证券化已经从对其可行性的探讨发展到探索高效运行方式的新阶段。

2004～2006 年间，美联储为了抑制通货膨胀，连续 17 次提高了联邦基金利率，而 2006 年中期之后房地产价格的下滑更是给了次级抵押贷款市场致命

---

① Bruce Berman. From ideas to assets：Investing wisely in intellectual property ［M］. New York：Wiley, 2002：443.

一击，其直接后果是次级抵押贷款违约率上升，以次级抵押贷款为基础构造的金融产品信用评级下降，市场价格下跌，持有这些产品的金融机构出现大规模的资产减计和账面亏损，次债危机全面爆发。2008 年 9 月雷曼兄弟公司申请破产保护，次债危机演化为席卷全球的金融危机，越来越多的金融机构深陷其中。学界和金融实务界普遍认为危机源头在于资产证券化，是其将高风险的债务引入资本市场，从而引发危机。对资产证券化的指责集中于发起人与证券化资产之间的剥离机制在设置之初就弱化了发起人对资产质量的考察，同时第三方对违约风险的评估和资产定价的难度使得发起人能够利用与投资者之间的信息不对称隐藏自身资产的风险。[①] 此次危机对证券化的批判集中体现在对特定资产的选择上，且失败案例均涉及知识产权领域。市场逐步意识到，知识产权作为当今一国的核心竞争力、国家经济的重要组成部分，在证券化的进程中应扮演更为重要的角色，以知识产权为依托的证券有更为开阔的可拓展路径，其作为基础资产能够很好地提高信贷水平。

在美国推行知识产权资产证券化的过程中，市场发挥了很大的作用。美国的知识产权资产证券化采用的是由下而上的市场主导型证券化模式。这主要源于美国发达的市场经济，体现在拥有比较成熟完善的证券市场和高效的知识产权交易市场。[②] 这使美国在产生了知识产权资产证券化的需求后，市场能够及时地根据需求做出反应，自发进行调整，产生相应供给，即专门的知识产权资产证券化专业咨询公司起到 SPV 的作用，从而使知识产权资产证券化能够顺利地推行下去。

在美国，无形资产在企业总资产中所占的比重已经达到了 90%，无形资产的重要性受到了企业极大的关注。虽然知识产权资产证券化在整个资产证券化中所占的比重还很小，但它的增长速度非常快，证券化的对象也已经从初期的音乐版权发展到以商标权、专利权为主。尤其是近年来，随着互联网技术的快速发展，市场上出了知识产权运营的创新实践。如高智发明这样的大型发明投资基金（强调专利商用化，欲建立"专利超市"），众多如 Logic Patents 这样

---

① 梁继江. 美国资产证券化市场的发展：经验与教训［J］. 财会研究，2011（1）：70.

② 方媛，熊文新. 知识产权证券化融资方式［J］. 西南农业大学学报（社会科学版），2013（1）：50.

的中小型专利运营公司，还有以知识产权经纪业务见长的 ICAP Patent Brokerage（从事大批量专利买卖交易），专门为企业充当专利"保护伞"的 RPX 公司，知识产权管理方案服务提供商 UBM Tech – Insights 以及 IPXI 这种综合性交易平台等，大量存在并高效运作的交易平台与机构对美国知识产权资产证券化市场的发展发挥着重要作用。其中，为了促进技术成果转化和汇聚各类相关的要素资源，以创造一个更为有效和透明的公平交易环境为诉求的国际知识产权金融交易所（IPXI）便是知识产权资产证券化中的一大模式创新。2013 年 6 月，IPXI 发布了第一个产品，同年陆续发布了第二个、第三个产品，从 LED 领域跨越到金融领域。然而，IPXI 在 2015 年 3 月宣布关闭。分析其失败原因，主要在于潜在被许可方往往选择向交易所提出诉讼挑战而非寻求双方合作，对于被许可人而言，他们选择 IPXI 平台是因为可采取诉讼的方式来获取专利许可赔偿费用，而这又是 IPXI 平台一直打算解决的问题。由此可知，在知识产权资产证券化过程中的交易和非诉二者之间存在不可调和的矛盾。最终 IPXI 也未能成功地将公平、透明和效率的原则引入专利这一尚由诉讼驱动的复杂市场。① 可见，现实中知识产权交易存在的缺陷与配套制度的不完善制约了知识产权资产证券化发展的脚步。

（二）美国知识产权资产证券化的法律制度

美国知识产权资产证券化的开展离不开法律制度的保障。在知识产权资产证券化开展过程中，立法体系发挥着重要作用，主要体现在以下两个方面：首先，增加待履行合约的保障制度。知识产权由于其无形性和不稳定性的特点，时常可能会因各种原因被市场所淘汰，其所有权人也将可能面临破产的风险，而知识产权作为证券化的基础资产，其使用的受阻将会直接影响到合约的履行，使得合约停止或者作废，证券化也随之失去了赖以存在的前提，这将导致极大的风险危机。为应对这一现时的潜在风险，《美国破产法》明确指出，由于专利或著作权利所有者破产，而造成这些资产使用合约被废止，被许可人拥

---

① 曾维新，基芳婷. 典型国家和地区知识产权证券化演进与模式比较研究——基于美日欧的实践经验［J］. 现代商贸工业，2017（23）：108 – 109.

有继续使用这些资产的权利，但是也要继续承担此合约中规定的责任与义务。其次，通过《萨班斯法案》的实施加强对 SPV 设置与监督管理的力度。资产证券化的一大特点就是风险转移、风险分散。诸如担保债务凭证（CDO）的证券化产品和其他的金融衍生产品只是做到了风险转移和分散，并没有降低投资风险。次债危机由最初的美国局部危机进而演化成全球范围危机的缘由之一，就是通过金融衍生品将风险转移和扩散到了全世界。金融产品的创新和开发伴随着越来越多种类风险的出现、转移、分散。随着这些风险被多次分散转移，其本身更不易被发现。潜在的风险逐渐积聚，金融质量受到威胁。结合美国的经验教训，各环节风险中应该特别注意发起人、特定目的机构（SPV）和服务者的风险。美国通过《萨班斯法案》的执行，成功地将 SPV 由空壳公司转变成专门的第三方实体公司，有效地减少了募集资金所耗费的投入，提高了融资效率与额度。

二、日本：政府主导型证券化模式

（一）日本知识产权资产证券化的发展历程

日本是亚洲最早发展知识产权资产证券化的国家。自 20 世纪 90 年代的"泡沫经济"以后，日本为重整经济，应对来自国外低成本劳动密集型产业的挑战，开始将创造高附加值的无形资产作为基本策略，其核心便是知识产权。日本在国家层面十分重视知识产权资产证券化。2002 年，附属于日本首相官邸的决策机构——知识产权战略本部公布了《知识产权战略大纲》，日本开始从"技术立国"向"知识产权立国"转变。同时，日本经济产业省发出声明，对 IT 和生物领域的专利权进行证券化。这意味着日本政府正式确认知识产权是企业价值的重要源泉，并将创设高新技术企业作为日本经济再生的引爆剂。2003 年，日本以光学专利发行证券融资约为 20 亿日元的 Scalar 案实现了首次专利证券化。Scalar 公司是日本一家处于创业阶段的中小企业，其主要从事光学镜头业务，并拥有多项光学技术专利。2003 年 3 月，Scalar 公司与同样处于创业阶段的 Pin‐Change 公司签订了许可使用合同，同意将其 4 项专利授权给

Pin－Change 使用。之后，Scalar 公司将这些许可使用合同的未来收益权转让给了由一家信托银行控股的特殊目的机构，并以许可使用合同的未来收益为基础发行了债券、优先证券和受益凭证。此次专利权证券化的规模比较小，仅有20 亿日元。[①] 证券化机构对所发行的债券进行了外部担保等信用增级处理。

此外，《日本信托业法》的修改对知识产权资产证券化的发展起到了推动作用，使知识产权资产证券化得以采用信托的形式运作。随着日本信托制度的变迁，逐步形成了以信托 SPV 为主的知识产权资产证券化模式，其在日本知识产权资产证券化实践中显示出了很高的优越性，为解决知识产权权属问题以及规避知识产权作为无形资产的风险提供了很好的解决方案。[②] 信托制度在产品设计上的灵活性及在破产隔离等方面的优越性在知识产权资产证券化的发展中起到了"润滑油"和"加速器"的作用。

日本在制度建设上很多都借鉴于美国，但由于其受到自身资源匮乏的限制，在知识产权资产证券化的制度建设上与美国存在较大差异。美国知识产权资产证券化大都集中于大型高新技术企业，以加快知识产权成果转化速率，尽快收回研发成本，加速资本周转。日本开展知识产权资产证券化的主要目的在于解决创新型企业及中小企业融资难的问题，满足其以自身知识产权作为基础资产进行融资的需求，同时将金融机构的贷款风险通过市场化手段向不特定多数的投资者分散。日本作为全球知识产权大国，每年都有大量的创新型企业成立，许多企业都有利用知识产权进行融资的需求，知识产权资产证券化制度极大地吸引着这些创新型企业，呈现出良好的发展态势。

（二）日本知识产权资产证券化的典型模式

与美国市场主导型知识产权资产证券化模式不同，日本在进行知识产权资产证券化的过程中主要采用的是政府主导型模式，政府在知识产权资产证券化过程中起导向作用。其具体做法是：由政府策划设立特别公司，将专利权交给这个公司经营，该公司以证券的形式将专利权投入市场，由企业和投资方买

---

① 邹小芃，王肖文，等. 国外专利权证券化案例解析［J］. 知识产权，2009（1）：94－95.

② 孟珍. 知识产权证券化的日本经验与中国启示——以法律制度与实践的互动为视角［J］. 南京理工大学学报（社会科学版），2018（4）：42.

入，而该公司收取的专利使用费作为发行证券的原始资本，将发行专利证券的部分盈利回流给专利权拥有者。[①]

"技术立国"的战略背景下，日本尤其注重科技成果的转化。为解决科技成果与企业需求脱节致使日本在全球市场的竞争力削弱的问题，使得高校、科研机构的技术成果能够实际解决企业需求，实现产业化，日本政府设立了系列机构和基金来解决上述问题，如 2009 年成立产业革新机构，并设立多个专利基金，2010 年成立生命科学之时产权平台基金，2013 年机电行业成立了类似的基金，专门购置行业内闲置专利，并将专利以有偿方式出借给有需求的企业。以上基金的运作机制是以某项专利技术或专利技术组合产生的稳定、可预期的现金收入流为担保，通过"真实出售"与"破产隔离"，产生一种可自由流通的权利凭证，并将其销售给金融市场上的投资者据以融资，以解决权利人资金短缺的问题，其本质上就是知识产权的变现过程。

在日本中小企业开放式创新中出现了担当"信息桥梁"角色的中间机构或中间人。这些中介机构的主要作用在于：一是提供专业的知识产权信息服务，为企业的专利研发提供方向；二是将技术的供需双方联系在一起，完成知识产权的交易。他们对促进中小企业的创新活动、盘活知识产权的价值、促进技术成果的转化起到了十分重要的作用。

但是日本在发展知识产权资产证券化的过程中也暴露了很多问题，面临着一些困难，如知识产权资产的流动性较弱，评估困难，支持知识产权证券交易的场所匮乏等。日本的知识产权资产证券化大都采用私募的方式，向投资者或大型投资机构发行，证券的流动性也便相应较弱，其产生的直接问题是证券投资者难以在短期内转让，证券的吸引力也随之降低。此外，证券化之前 SPV 对纳入其基础资产范围的知识产权进行信用评估和增级是证券化过程中的必经程序，然而目前日本现有的评估标准如 1996 年 3 月的《知识产权担保价值评价手法研究报告书》和特许厅的《特许经济模型相关调查研究报告书》均年代久远，内容老旧，已很难跟上经济发展的步伐，其他更有效的评估方法尚需评估机构及相关研究机构慢慢摸索。

---

① 张宏宇，张瑞稳. 美日知识产权证券化及对我国的启示 [J]. 消费导刊，2008（14）：10 - 11.

（三）日本知识产权资产证券化的法律制度

1993 年，日本为更好地鼓励金融创新，规制知识产权资产证券化，出台了《日本信托业特别规制法》，但由于当时知识产权意识尚不强烈，并没有将知识产权纳入能够进行证券化的范畴之中。随着经济的发展，越来越多的企业需要更多的融资渠道，传统的融资模式已经不能满足现代企业的需要。为使知识产权资产证券化和其投资运用成为可能，日本政府于 2000 年相继修改了《日本关于资金流动化的法律》（以下简称《日本资金流动化法》）和《关于投资信托以及投资法人相关的法律》，在法律制度层面为知识产权资产证券化的实施扫清了障碍。

对《日本资金流动化法》的重新修改对日本开展知识产权资产证券化业务具有重要意义，主要体现在该法律废除了对流动化对象资产的限制，把能够实现证券化的资产由原先的金钱债权与不动产范畴拓展到一般财产权。具体而言，《日本资金流动化法》第 2 条详细列举了特定资产内容的记载事项表，明确规定知识产权属于流动化资产。知识产权被纳入可实施流动化的资产范畴内，为知识产权资产证券化的进一步推广提供了可能。与此同时，日本还引入了信托制度辅助资产证券化的实施，准许发行人设置 SPV（特殊目的机构）实现破产隔离，进而保证资产证券化的健康发展，保障投资者的切身利用。该法的出台激发了该领域投资者的热情，投资规模获得极大的增长，企业也相应地获得了全新的融资途径。

随着国民知识产权意识的不断增强，中小企业对利用自身知识产权融资的需求越发迫切，2002 年日本颁布了《知识产权战略大纲》，将日本知识产权资产证券化的发展推向高潮。其明确指出，把"知识产权立国"作为国家的战略目标。同年，颁布了《日本知识产权基本法》，明确了未来知识产权发展的基本规划。2003 年底，该国顺利通过了修订《日本信托业法》的草案，打破了对信托资产范畴的制约，把知识产权纳入其中，为其证券化的实施提供法律依据与保障。2005 年，新的《日本破产法》出台，将 SPV 与公司有效隔离，妥善地解决了 SPV 的空壳经营和公司破产之间的关系。[①]

----

① 朱建民. 一些国家维护产业安全的做法及启示 [J]. 经济纵横, 2013（4）: 117.

目前，日本已经拥有超过百万的专利，其数量位居全球前列。"知识产权强国战略"的提出引起了日本举国对知识产权的关注，企业也愈发重视研发与创新，其手中往往掌握着大量的知识产权，知识产权资产证券化这一价值转化形式或运营形式有效地帮助企业通过知识产权实现了资金的募集或融资。

三、欧洲：政府和市场一体推动型证券化模式

在知识产权资产证券化的进程中，发达国家往往扮演着先锋的角色。自从资产证券化在美国拉开序幕，欧洲紧随其后，并成为世界上第二大资产证券化市场。凭借成功的资产证券化实践经验，欧洲市场紧随美国步伐，逐步向知识产权资产证券化领域探索。

伦敦金融中心作为欧洲最古老最发达的金融中心，一向以接受新事物、推崇金融创新而著名。欧洲市场上发达的金融和商业服务体系、较为完善的证券化法律制度及社会信用评级增级制度为知识产权资产证券化的开展保驾护航。欧洲的金融市场在资产证券化领域的发展速度相对较快，对资产证券化的吸收和借鉴态度十分积极，但欧洲的知识产权资产证券化市场的发展之路又与美国在金融体制、法律体系方面存在着较大差异。[①]

早期欧洲知识产权资产证券化的发展案例更多体现在体育产业转播权或各类体育赛事门票收益证券化等方面。大部分俱乐部，如英国利兹联队、兰切斯城队等，都把自身电视转播权的预计收益作为担保，以此实现债券的发售。[②]除了体育产业证券化之外，欧洲一些国家，如意大利、英国等也先后将电影版权和音乐作品进行知识产权资产证券化融资。如早在 1998 年 5 月，西班牙皇马（Real Madrid）足球俱乐部通过把来自阿迪达斯公司（Adidas）的赞助收入证券化筹得 5000 万美元。2001 年初，"英超"利兹联队在财务状况开始恶劣的情况下，以其未来 20 年的门票收入作为支持发行了 7100 万美元的资产证券化债券，用于购买顶级球员，债券持有人每年收益大约 700 万美元。2002 年 5

---

① 曾维新，基芳婷. 典型国家和地区知识产权证券化演进与模式比较研究——基于美日欧的实践经验［J］. 现代商贸工业，2017（23）：110.

② 孙凤毅. 体育知识产权资产证券化的国际经验［J］. 武汉体育学院学报，2016（6）：49.

月，足球劲旅"意甲"帕尔玛队也进行了一项涉及 9500 万欧元的资产证券化，它的支持主要由资助商收入、广告收入、商标收入和电视转播权的收入构成，菲奥迪特公司承担了特设载体的功能，发行了 A、B 两种债券。后来，欧洲大陆又陆续有英超阿森纳队等几支球队进入了知识产权资产证券化的行列。① 理论上来说，足球俱乐部以比赛门票收入为支持的证券化属于以未来应收账款为支持的证券化，并非典型的知识产权资产证券化，同样地，将电视转播权的未来预期收入打包发行债券也属于以未来应收账款为支持的证券化，但由于电视转播权在现代知识产权法中被归为了邻接权的一种，属于知识产权的范畴，所以也可将其视作知识产权资产证券化的一种。2001 年 3 月，苏格兰皇家银行为英国克里勒斯集团公司（Chrysalis Group PLC）设计了一项结构融资交易案，该案是国际音乐制片人的第一例结构融资交易案。本案中的融资担保物是 Chrysalis Group 的国际音乐作品版权以及由该音乐作品产生的收益，通过在美国商业票据市场以出版商股份的形式发行，实现 6000 万英镑的融资，这一金额只是该音乐作品总价值的 40%。同时，交易还允许 Chrysalis Group 享有对下属各音乐子公司的管理和控制权。②

现在，很多欧洲国家已经逐渐认识到知识产权对于公司运营管理的关键影响及地位，并着手对有关法律实施修订。知识产权抵押担保贷款是知识产权资产实现证券化运作的第一步，也是非常关键的一步，处理好它才可以突破知识产权资产证券化的局限。在《美国统一商法典》中，针对担保登记方面的内容进行了调整，此举给英国带来了极大的影响，大部分研究者要求借鉴美国的做法，针对本国的财产担保法律实施革新，为知识产权抵押担保的顺利实施清除阻碍。这些呼吁变成了促进整个欧洲发展知识产权资产证券化的动力。

2008 年是证券化市场发行规模的巅峰。金融危机爆发后，监管机构将危机的诱因归咎于产品和银行家，导致资产证券化市场一度下滑。为在欧洲构建起安全且持续增长的金融环境，自 2008 年欧盟委员会提出了 40 多项立法和非立法措施，但资产证券化市场至今难以从金融危机中恢复过来，证券化整体市

---

① 李建伟. 知识产权证券化：理论分析与应用研究 [J]. 知识产权，2006（1）：37.

② 蔡安娜. 借鉴国外经验论知识产权证券化在中国的实现 [D]. 上海：华东政法大学，2011.

场规模大幅缩减。ABS（资产支持化证券）在欧洲是主要的资产证券化品种之一，原因在于其基础资产十分广泛，包含各种应收款、消费贷款、租赁费用等信用类资产，知识产权资产证券化便属于这一范畴。

欧洲地区知识产权资产证券化更多的是依靠市场的力量——金融机构以自己持有的知识产权资产为基础发行证券，政府并未起到根本性的作用。[①] 也正是得益于市场的自我调节，知识产权资产证券化的配套制度体系逐渐形成与巩固，尤以社会信用增级制度为最。这也是因为政府介入较少，债券发行主体及发行中介结构资质和实力有强弱之分，在缺乏政府信用的情形下只能构建强有力的社会信用增级机制，以此提升知识产权资产证券化的信用等级，确保债券的成功发行。

实践证明，从鲍伊证券成功发行以来，知识产权资产证券化在世界范围内得到了迅猛的发展，俨然已经成为知识产权价值转化或企业知识产权运营的重要形式，在企业融资方面发挥着重要的作用。不论是美国的市场主导型知识产权资产证券化模式，抑或日本的政府主导型知识产权资产证券化模式，还是欧洲的政府和市场一体推动型知识产权资产证券化模式，都是对知识产权资产证券化的有益探索，为我国今后实施知识产权资产证券化提供了良好的示范作用和实践基础，对我国知识产权资产证券化的理论和体系构建具有重要的借鉴意义。

第三节　我国推行知识产权资产证券化的必要性及可行性

一、推行知识产权资产证券化的必要性

（一）国家层面：实施知识产权战略的必然要求

随着知识经济的迅猛发展和经济全球化进程的加快，知识产权业已成为衡

---

① 肖海，朱静. 借鉴欧洲经验开展中国知识产权证券化的对策［J］. 知识产权，2009（5）：89 - 90.

量一个国家和地区经济发展的重要参考因素。国际上，美、日、韩等发达国家纷纷制定并实施了国家知识产权战略。为促进我国科技进步、推动经济发展，2008 年 6 月 5 日，我国发布了《国家知识产权战略纲要》，首次将知识产权战略提升到国家战略高度。十年来，我国先后颁布了系列知识产权具体实施策略和战略纲要，以促进知识产权在各领域的创造、管理、运用和保护。但在此背景下我国知识产权运用进展依然相当缓慢。

1. 我国知识产权发展的现状及问题

近年来，我国知识产权申请量增长迅猛。就专利而言，国家知识产权局发布的报告显示，2018 年，我国发明专利申请量为 154.2 万件，共授权发明专利 43.2 万件，其中国内发明专利授权 34.6 万件；我国国内（不含港澳台）发明专利拥有量共计 160.2 万件，每万人口发明专利拥有量达到 11.5 件；共受理 PCT 国际专利申请 5.5 万件，同比增长 9.0%。截止到 2018 年，我国发明专利申请量连续八年居全球第一位。[①] 但是与专利申请情况迅猛增长相反，我国科技成果转化率仅为 10% 左右，远低于发达国家水平（发达国家科技成果转化率达到 40%）。此外，我国专利资本化的比例也较低，大多数专利处于"闲置"状态。专利数量屡创新高，是"中国智造"实现突破的新开始。如何在"大"的基础上做"强"做"实"，进一步提高专利的转化率，亟待政府、高校、企业和社会各方共同努力。[②] 唤醒创新热情与知识产权保护意识，发展完善科技创新的整个支撑体系，是实现下一个突破、继而走向专利强国的根本。

2. 推动知识产权资产证券化是提高知识产权转化率的关键

知识产权资产的价值实现过程可以分为创造、保护、管理及运用四个阶段。前三个阶段都是资源投入阶段。例如，创造阶段需要投入大量的科研经费，而且创造结果还存在不确定性。研发成功后使之权利化，纳入法律保护的阶段，也需要投入许多费用（如专利申请费、年费、商标注册费以及保护权

---

① 国家知识产权局. 专利、商标、地理标志、集成电路布图设计的年度统计数据［EB/OL］. (2019 - 01 - 10)［2019 - 01 - 18］. http://www.ccn.com.cn/html/news/xiaofeiyaowen/2019/0110/435453.html.

② 陈建民. 专利转化率比数量更值得关注［N］. 光明日报，2017 - 03 - 28（002）.

利不受侵犯而支出的调查和诉讼费用等）。在管理阶段，为发挥知识产权的价值及避免浪费，知识产权的拥有者也需要投入一定的成本建立有效的管理机制、系统平台及流程。而政府、企业仍然高度重视知识产权并将其上升到战略高度，正是因为第四个阶段运用知识产权能够创造出巨大的高附加价值。

发达国家的跨国公司挟知识产权利器已经创造了不菲的收入和价值。例如，早在 2000 年 IBM 公司一年的总利润是 81 亿美元，其中专利转让收入就达17 亿美元。[①] 现今出现的诸多知识产权运营实体，如高智发明这样的大型发明投资基金（强调专利商用化，欲建立起"专利超市"），众多如 Logic Patents 这样的中小型专利运营公司，还有以知识产权经纪业务见长的 ICAP Patent Brokerage（从事大批量专利买卖交易），专门为企业充当专利"保护伞"的RPX 公司等，均依靠知识产权获取了大量的利润。

反观我国，知识产权的运用是国家"知识产权战略推进工程"中最薄弱的环节。我国专利转化率低的一个重要原因是企业缺乏后续研发资金与专利实施资金。根据国际经验，研究经费、转化资金、产品批量生产的资金比例应达到 1∶10∶100，专利才能较好地转化为商品，形成产业。据此计算，我国高新技术产业存在巨大的资金缺口。释放我国知识产权的巨大潜力需要金融创新的支持，而知识产权资产证券化正是这样一种新型的融资工具，它可以成为填补我国知识产权实施与转化资金缺口的主要方式与途径。将证券化引入知识产权领域，拓宽知识产权商品化和产业化的渠道，是必由之路。

（二）产业层面：拓宽产业融资渠道，实现科技成果转化

1. 拓宽科技型企业的融资渠道

对于一般科技型企业而言，想要通过知识产权进行融资需要解决以下三个方面的问题：①传统融资方式中的会计原则将研发成本视为费用，造成了知识产权的市场价值（market value）与账面价值（book value）存在较大的差距。这种无法合理反映知识产权等无形资产价值的缺陷大大降低了融资的可能性及

---

① 郭鹏，李红莲，等. 专利对企业发展的影响 [J]. 教育教学论坛，2015 (5)：107.

数额。②技术研发存在太多的不确定性与风险性，现有知识产权资产价值的不易确定性使得以知识产权为主的高科技产业很难通过传统的融资手段从金融机构获得所需要的信贷资金。③拥有知识产权的个人和中小企业一般不具备信用评级，因此通往资本市场筹资的渠道十分有限。

资产证券化能很好地解决上述问题。在知识产权资产证券化结构中，由于投资人与信用评级机构关注的是资产品质，而非知识产权权利人的资信能力，从而使拥有优质知识产权资产的个人或研发能力强的中小企业能够获得所需资金。其次，知识产权资产证券化"资产分割"与"破产隔离"的设计使得资产支持证券产品可以取得较高的信用评价，吸引投资人。

2. 解决高等院校、科研院所知识产权产业化应用资金不足的难题

2017 年国务院印发《国家教育事业发展"十三五"规划》，提出了加强知识产权保护和运用、促进高校科技成果转化等相关工作要求。其中提出，要调动高校、科研机构和行业企业共同参与应用研究和成果转化的积极性。健全技术转移应用机制，鼓励有条件的高校建立知识产权运营、科技成果转化的专门队伍，形成科技成果转化和知识产权保护、应用的有效机制。[①] 在我国，科研机构与高校是国家科技计划项目的主要承担者，也是科技创新的重要输出主体。从发明专利的申请和授权的状况来看，我国的科研机构与高校在我国的知识产权战略中显示出了举足轻重的作用。然而，据统计，在高校取得的科技成果中，达到规模化生产阶段的科技成果仅占高校科技成果的 17%[②]；科研机构中取得规模化生产的科技成果项目情况稍微好些，但是能达到规模化生产阶段的科技成果不到所调查单位科技成果的 30%[③]。

导致我国高校及科研机构科研成果产业化程度低的原因有很多，如政策导向、科技资源分散、分割研究等，其中一个比较重要的原因就是缺乏资金。从

---

① 国务院关于印发国家教育事业发展"十三五"规划的通知［EB/OL］.（2017 – 01 – 10）［2019 – 02 – 12］. http：//www. moe. gov. cn/jyb_xxgk/moe_1777/moe_1778/201701/t20170119_295319. html.

② 打通高校科技成果转化的"最后一公里"［EB/OL］.（2018 – 06 – 13）［2019 – 02 – 12］. http：// baijiahao. baidu. com/s？ id = 1603120630402935037&wfr = spider&for = pc.

③ 迟福林. 我国科技成果转化率不足 30%［EB/OL］.（2018 – 02 – 11）［2019 – 02 – 12］. http：// www. china1baogao. com/dianping/20180211/2425866. html.

统计数据看，资金缺乏是高校科技成果未产业化最主要原因的占到其未产业化因素的 51.8%。知识产权资产证券化是解决大学与科研机构资金不足的一个有效措施。目前我国大学和科研机构科技成果产业化最主要的途径是自行进行产业化。这种方式一来规模较小，很难形成大规模的产业集群；二来与大学、科研机构等单位的性质不符，使其卷入营业性事务而忽视科研教学的主要职能。通过知识产权资产证券化，大学和科研机构可以将科技成果转让出去，由 SPV 或者 SPV 委托的专门机构进行经营，自己提前获得收益，用于进行更多的研究活动，无需将太多精力放在与大学性质不符的产业化经营活动上。耶鲁大学专利证券化案就是大学专利化案的成功范例。耶鲁大学通过专利证券化的方式获得了大笔的资金，用于改善学校的教育设施和科研设备，改善了教学环境，提高了研究开发能力。

（三）企业和个人层面：分散企业风险，解决融资难题

1. 解决中小高科技企业融资难题

2016 年 12 月，国家知识产权局与工业和信息化部联合印发《关于全面组织实施中小企业知识产权战略推进工程的指导意见》，以引导中小企业实施知识产权战略，提升知识产权创造、运用、保护和管理能力为主线，通过政策引导和强化服务，提高中小企业知识产权的质量和效益。[①] 中小高科技企业在整个高新产业经济运行体系中处于相对的弱势地位，由于自身限制，难以吸引风险投资和各个资金项目的直接投资。中小高科技企业融资问题应当说是一个世界性难题。世界经济合作与发展组织（OECD）在对中小高科技企业融资问题的研究中提出，由于信息不确定性和信息不对称，中小高科技企业很难通过传统的融资方式获得资金：首先，新技术的研发存在失败的可能，导致技术研发行为在回报上存在不确定性，并且研发的前瞻性会导致企业在将新产品投入市场时存在市场反应不良的风险，最后投资者会因为风险过高而放弃投资；其

---

① 国家知识产权局. 关于制定《关于全面组织实施中小企业知识产权战略推进工程的指导意见》的说明 [EB/OL]. (2017 - 01 - 10) [2019 - 02 - 12]. http：//www. gov. cn/xinwen/2017 - 01/10/content_5158493. htm.

次，技术往往是中小高科技企业生存的关键，出于保护商业秘密的目的，中小高科技企业对产品的信息披露过少，导致企业和投资者之间存在信息不对称，很难签订一个双方都认可的投资合同；最后，技术创新在投入市场之前是无法根据市场反应来估算其价值的，因此对于其价值的评估相对困难。① 从以上三点不难看出，中小高科技企业在融资问题上既存在一般中小企业的共性，又存在着其特殊性，因此中小高科技企业在融资问题上更加复杂。

企业传统的融资方式有两种，第一是借助银行贷款，第二是通过证券市场融资。中小高科技企业由于企业自身规模的限制，很难通过准入门槛较高的传统证券市场进行融资。而中小高科技企业无形资产在企业资产中所占比例较大，且存在相对较高的经营风险，导致银行不愿意向其发放贷款，这使得中小高科技企业从传统的融资渠道很难获得资金。而资金对于发展中的中小高科技企业来说又非常重要，资金的缺乏会使得高科技企业的研发和推广困难加大，从而严重阻碍企业的发展，甚至使企业难以继续经营，走向破产。因此，解决企业资金不足问题是促进中小高科技企业发展的关键。

目前，解决中小高科技企业资金缺口的方法之一是由国家直接向企业提供资金。国务院最早于 1999 年设立了专门扶持中小企业发展的中央政府专项财政基金。该基金通常以提供无偿资助、贴息贷款或直接对企业注入资金等方式对我国急需资金的中小高科技企业予以扶持，从而提高我国高新技术产业成果转化率，加速中小企业发展壮大。虽然国家财政支持是高新企业相对比较容易得到的资金来源，但是从国家财政支持直接融资获得的资金量有限，对大量中小高科技企业资金缺口难以实现全面覆盖，并且国家财政不断拿出资金支持高新产业虽然有效，但直接为企业提供资金的输入方式对我国财政来说也是不小的负累，因此国家财政支持对中小高科技企业的发展而言并不是根本解决手段。与之相比，知识产权资产证券化方是行之有效的方案。② 知识产权资产证券化融资是企业从自身知识产权的未来收益出发获取投资，弥补资金缺口，使

---

① 郝嘉岩. 知识产权证券化若干问题研究［D］. 沈阳：沈阳工业大学，2017.

② 国家知识产权局. 关于制定《关于全面组织实施中小企业知识产权战略推进工程的指导意见》的说明［EB/OL］.（2017－01－10）［2019－02－12］. http：//www.gov.cn/xinwen/2017－01/10/content_5158493. htm.

企业进入"研发—融资—发展"的良性循环的强力手段，从而有效解决中小高科技企业因资金而无法发展壮大的问题。

2. 降低知识产权所有人的风险

知识产权因其特性所引发的风险对所有权人而言具有很大的压力。首先，在当今科学技术发展迅速的知识经济时代，知识产权投资者投资方向的变化或市场反应不良，又或者其他外部原因，可能导致本来预期效益很好的某项知识产权突然之间变得无人问津。其次，知识产权的特性导致所有权人面临效力稳定性问题，一旦知识产权被认定为无效，将导致无法向被许可使用方收取费用。再次，从专利角度讲，由于技术的进步、企业之间的激烈竞争，知识产权可能被其他技术代替而影响未来的经济价值。最后，知识产权遭到侵权的情况下，虽然国家对于知识产权的保护很强力，但是由于维权费时费力、举证费用昂贵、诉讼程序漫长等，知识产权所有人不可避免会陷入诉讼尴尬的境地。因此，如果能够将知识产权资产进行证券化销售，将这些原本需要知识产权所有人独自面对的风险转移给知识产权证券持有人，有利于有效地分散风险。

二、推行知识产权资产证券化的可行性

（一）知识产权资产证券化符合当前政策导向

在新经济时代，国家之间的经济竞争形式发生了较大变化，创新能力成为衡量一国综合竞争能力的重要标志。为有效提高我国自主创新能力，党中央提出了建设创新型国家的任务。2008 年 6 月 5 日，国务院颁布实施《国家知识产权战略纲要》，将知识产权工作上升到国家战略层面。2010 年《国家知识产权战略推进计划》文件出台，对完善知识产权投融资体制、拓展知识产权投融资渠道、构建知识产权资产证券化交易平台、创新交易产品和服务内容提出了全新的要求。2010 年《中国人民银行 银监会关于进一步加强信贷结构调整促进国民经济平稳较快发展的指导意见》指出，要探索推进知识产权、自

主品牌证券化融资的新途径。2012 年国家知识产权局在该年度推进知识产权战略意见中指出，构建战略性新兴产业知识产权推进工作体系，加强战略性新兴产业中知识产权的分析和布局，突出战略性新兴产业的知识产权导向。2017 年国务院印发《国家技术转移体系建设方案》，明确提出，要完善多元化投融资服务，具体措施之一就是"开展知识产权资产证券化融资试点"。2018 年 4 月新华社发布的《中共中央 国务院关于支持海南全面深化改革开放的指导意见》一文中明确提出"鼓励探索知识产权证券化，完善知识产权信用担保机制"。

表 4.1 近年来政府相继出台的知识产权资产证券化相关政策

时间	文件名称	内 容
2015 年 3 月 13 日	《中共中央 国务院关于深化体制机制改革加快实施创新驱动发展战略的若干意见》	推动修订相关法律法规，探索开展知识产权证券化业务
2015 年 3 月 30 日	《国家知识产权局关于进一步推动知识产权金融服务工作的意见》	鼓励金融机构开展知识产权资产证券化，发行企业知识产权集合债券，探索专利许可收益权质押融资模式等
2015 年 5 月 25 日	《中共上海市委 上海市人民政府关于加快建设具有全球影响力的科技创新中心的意见》	探索知识产权资本化交易，争取国家将专利质押登记权下放至上海，探索建立专业化、市场化、国际化的知识产权交易机构，逐步开展知识产权证券化交易试点
2015 年 12 月 18 日	《国务院关于新形势下加快知识产权强国建设的若干意见》	创新知识产权投融资产品，探索知识产权证券化，完善知识产权信用担保机制等
2016 年 12 月 30 日	《"十三五"国家知识产权保护和运用规划》	探索开展知识产权证券化和信托业务，支持以知识产权出资入股等
2017 年 9 月 15 日	《国家技术转移体系建设方案》	开展知识产权证券化融资试点，鼓励商业银行开展知识产权质押贷款业务
2018 年 4 月 11 日	《中共中央 国务院关于支持海南全面深化改革开放的指导意见》	鼓励探索知识产权证券化，完善知识产权信用担保机制

以上政策的相继出台和实施对知识产权资产证券化起到了强有力的支撑作用。

（二）法律环境适宜

从法律角度来看，目前我国虽然还没有一部针对知识产权资产证券化的专门立法，但是并不等于我国对知识产权资产证券化在立法上完全空白，对知识产权资产证券化的相关立法散见于知识产权、经济、金融法律法规及其他规范性文件中。例如证券化的核心问题知识产权的保护层面，《著作权法》《商标法》和《专利法》等一系列知识产权相关法律以及相关司法解释和实施细则对知识产权资产证券化从核心知识产权角度进行了有关规定。2017年更是制定修订了十多部法律法规，首次在知识产权领域引入惩罚性赔偿制度。为加大知识产权制度的统筹协调，中共中央、国务院出台了一系列加强知识产权保护的政策性文件，将知识产权等无形财产与有形财产保护摆到同等重要的位置。① 在刑法方面，我国刑法第213～219条规定了假冒、伪造注册商标罪，非法制造、销售非法制造的注册商标罪，及侵犯著作权等非法行为等罪名，以国家强制力从刑法上逐步提升对知识产权的保护力度。知识产权资产证券化金融规制层面的相关法律法规同样存在，主要包括《证券法》《信托法》《证券公司资产证券化业务管理规定》等。此外，《公司法》《破产法》从企业的角度对知识产权资产证券化的市场微观方面进行了规制。

另外，知识产权资产证券化还可以参考适用资产证券化的相关政策法规。资产证券化是一项涉及金融、会计、税收等多个领域的系统工程，这项工程离不开政府的支持和推动。② 为支持资产证券化活动，2004年《国务院关于推进资本市场改革开放和稳定发展的若干意见》提出"积极探索并开发资产证券化品种"，从政策层面上给予了资产证券化发展的空间。随后，国务院成立了信贷资产证券化试点工作协调小组，制定了一系列政策法规，为信贷资产证券化工作搭建法律框架。知识产权资产证券化与信贷资产证券化都属资产担保证券的一种，主要区别在于基础资产不同，因此在知识产权资产证券化尚未出台具体规定的情况下，可参考适用信贷资产证券化的制度框架。

---

① 2017年中国知识产权保护与营商环境新进展报告。
② 刘奕超. 商业银行信贷资产证券化真实出售法律制度研究 [J]. 海南金融，2017（9）：68.

总之，我国目前对知识产权资产证券化的规定虽然还不能全面覆盖知识产权资产证券化的所有方面，但已经能够为知识产权资产证券化的合法性和运行从法律制度上提供了一定的支撑，起到规范知识产权金融运用的作用。

（三）资产证券化市场日趋成熟

我国资产证券化开始于 20 世纪 90 年代初期，海南首推"地产投资券"，开始了早期的探索。之后陆续出现了几种尝试性质的证券化产品，但影响不大，发展并不平稳。直到 2005 年年初才在国内银行业正式试点，本土资产证券化拉开帷幕。随着 2008 年美国金融危机全面爆发，我国证券化试点也戛然而止。经历了早期探索（1992～2004 年）、短暂尝试（2005～2008 年）、停滞不前（2009～2011 年）、重启试点（2011～2013 年），如今受益于政策推动，国内资产证券化迎来加速发展时期（2014 年至今）[1]，2018 年还发行了两支知识产权资产证券化产品。例如，2018 年 12 月 14 日，我国首支真正意义上的知识产权资产证券化标准化产品"第一创业－文科租赁一期资产支持专项计划"（以下简称"文科一期 ABS"）在深圳证券交易所成功获批；2018 年 12 月 18 日，"奇艺世纪知识产权供应链金融资产支持专项计划"（以下简称"奇艺世纪知识产权供应链 ABS"）在上海证券交易所获批，并于 12 月 21 日成功发行。受监管放开、政策鼓励的影响，我国资产证券化市场呈现出快速扩容、稳健运行、创新迭出的良好发展态势，市场存量规模突破万亿，基础资产类型日益丰富，各类"首单"产品不断涌现。这些资产证券化的成功实践，一方面为资产证券化的推广探索了法律路径，使我国相继出台和修改了一系列相关的法律法规来保障资产证券化的顺利进行，另一方面也为资产证券化的成功发行积累了宝贵的经验。

据统计，截至 2018 年年底，我国信贷资产证券化产品托管数量为 268 只，合计面值为 20118.66 亿元，同比增长 38.56%。[2] 这些已有的资产证券化实践

① 李杰，韩温钰. 中国资产证券化发展探析 [J]. 新金融，2015（6）：39.
② 前瞻产业研究院. 2018 年中国资产证券化行业概况及发展现状分析 [EB/OL]. (2019－01－25)[2019－03－01]. https：//www. qianzhan. com/analyst/detail/220/190124－fb6e4313. html.

既有金融机构的信贷资产证券化，又有非金融类企业的资产证券化。① 它们为我国将来大规模、有序地开展资产证券化提供了宝贵的经验，还能推动与资产证券化有关的税制、监管和法律法规逐步建立和完善，培育市场和投资者，提高参与者、投资者和监管者对资产证券化的认识和理解。② 资产证券化的开展为我国知识产权资产证券化的推广扫除了一定的障碍，创造了有利的条件。此外，我国日趋成熟的金融市场也为知识产权转化为金融产品投入证券市场创造了有利条件，使得知识产权资产证券化能够顺利地开展起来。

（四）专业中介机构得到发展

从知识产权资产证券化的流程中可以看出，知识产权资产证券化的完成需要多种中介机构共同完成，其中主要涉及知识产权价值评估机构、基础资产信用评级机构、会计及税务服务机构、法律服务机构等。只有通过评级机构合理的估值及信用增级，才能让知识产权在金融市场有效地发行债券。但是知识产权作为无形资产，其评估的难度远超普通资产的评估，相当困难和复杂。

尽管如此，在借鉴利用国外三大评级机构（穆迪、惠誉国际、标准普尔）的成功经验之后，2011 年上海率先在全国建立了知识产权质押评级管理机构，颁布了进行知识产权资产评估的各项管理条例，推动知识产权资产证券化的试点工作，评级体系开始初步形成。各省也相继建立了各自的知识产权交易中心，开展高新技术企业知识产权的技术评级、风险投资信息咨询、产权交易等业务，为知识产权资产证券化的顺利进行提供了评级体系支撑。③ 近年来，我国评估产业针对无形资产的评估收益已经达到资产评估业务收入总量的三成，符合市场要求的知识产权评估体系在我国已初见端倪。

（五）知识产权交易市场逐步繁荣

知识产权资产证券化融资的第一步就是构建基础资产池，资产池的构成离不开基础资产。我国适宜资产证券化构建基础资产池的知识产权已经有相当的

---

① 杨亚西. 知识产权证券化：知识产权融资的有效途径［J］. 上海金融，2006（10）：34.
② 徐欣. 论我国推行知识产权证券化制度的必要性［J］. 现代商贸工业，2010（6）：79.
③ 王晓东. 知识产权证券化：高新技术企业融资新途径［J］. 金融与经济，2013（3）：79.

积累。据国家知识产权局发布的数据，2018 年，我国发明专利申请量为 154.2 万件，共受理 PCT 国际专利申请 5.5 万件，同比增长 9.0%。截止到 2018 年，我国发明专利申请量连续八年居全球第一位。商标方面，我国商标注册申请量为 737.1 万件，商标注册量为 500.7 万件，其中国内商标注册 479.7 万件。截至 2018 年年底，我国国内有效商标注册量（不含国外在华注册和马德里注册）达到 1804.9 万件，每万户市场主体商标拥有量达到 1724 件。2018 年，马德里商标国际注册申请量为 6594 件。截至 2018 年年底，我国申请人马德里商标国际注册有效量为 3.1 万件，同比增长 23.5%。地理标志方面，2018 年，批准保护地理标志产品 67 个，注册地理标志商标 961 件，核准使用地理标志产品专用标志企业 223 家。截至 2018 年年底，累计批准地理标志产品 2380 个，累计注册地理标志商标 4867 件，核准专用标志使用企业 8179 家。集成电路布图设计方面，2018 年，共收到集成电路布图设计登记申请 4431 件，同比增长 37.3%，集成电路布图设计发证 3815 件，同比增长 42.9%。[①] 如此巨大的知识产权存量，其中不乏市场认知度高、适宜证券化的知识产权资产，大量的知识产权产出量为知识产权资产证券化提供了巨大的资源基础条件，也表明我国知识产权资产证券化拥有巨大的潜力。在这种状况下，有效加速知识产权成果转化、科技成果应用的知识产权资产证券化为知识产权运用开辟了广阔的新途径。

（六）已有的证券化实践提供了可借鉴的经验

经过多年探索，我国已有一系列的资产证券化实践，如海南三亚建设开发总公司发行的地产投资券，珠海高速和广深高速公路的收入证券化，中国远洋运输总公司的应收款证券化及中集集团应收款证券化等。这些资产证券化产品的问世为我国大规模开展资产证券化业务提供了宝贵经验，也为知识产权资产证券化的推广提供了借鉴。

此外，域外知识产权资产证券化已经逐步形成了比较成熟的法律规范体

---

① 国家知识产权局，工业和信息化部. 集中发布专利、商标、地理标志、集成电路布图设计的年度统计数据［EB/OL］.（2019 - 01 - 10）［2019 - 03 - 12］. http：//www.ccn.com.cn/html/news/xi-aofeiyaowen/2019/0110/435453.html.

系，涌现出许多成功案例和经验，尤其是美国和日本等发达国家的知识产权资产证券化成功经验，值得我国借鉴和学习。美国知识产权资产证券化从鲍伊债券开始，至今已有超过20年的实践经验，在这20年中，知识产权资产证券化从无到有、从萌芽到成熟、从探索到推广，循序渐进，体现着金融市场对于知识产权资产证券化价值的认可和重视。迄今为止，美国的知识产权成功交易案涉及了主要的知识产权类型，有成功的经验，也有失败的教训。在美国之后，欧洲、日本等知识产权资产证券化也相继发展，出现了成功推出知识产权资产证券化的案例。这些案例不仅证明知识产权资产证券化是可行的，也为我国知识产权证券的发行提供了可供参考的经验。

整体而言，开展知识产权资产证券化是深入实施国家知识产权战略行动计划、贯彻落实国家知识产权强国战略的必由之路。知识产权资产证券化的实施是提高知识产权转化率的关键，是拓宽产业融资渠道、实现科技成果转化的重要手段，能够帮助企业分散风险、解决融资难题，具有必要性。同时，得益于适宜的法律环境、日趋成熟的资产证券化市场、专业中介机构的发展、逐步繁荣的知识产权交易市场及已有的证券化实践经验等，推行知识产权资产证券化具有可行性。开展知识产权资产证券化，符合当前知识产权资本运营的实际需要。推行知识产权资产证券化过程中必然面临各种风险，需要根植于实际，走出适合我国实际的知识产权资产证券化道路。

第四节　知识产权资产证券化推行的风险

从知识产权的运作流程看，证券化的过程就是将风险和收益重新组合和分配的过程：原始权益人通过证券化将未来的资产变现。由此可见，未来能够产生稳定的现金流是证券化交易成功进行的基础。但由于知识产权的现金流通常存在不确定性，以及面临资产价值难以评估等一系列问题，给资产证券化带来风险。

一、资产风险

从欧美和日本知识产权资产证券化实例中可以看出，知识产权资产证券化的基础资产范围已由传统的音乐作品发展到电影、医药等众多领域，涉及专利权、商标权和著作权等。[①] 在对基础资产选择的过程中，权利状态及资产品质对知识产权资产证券化的过程影响重大，将直接决定未来现金流是否稳定和充足。

知识产权具有地域性、期限性、无形性、可复制性等特点，这些特点无疑增加了知识产权基础资产未来收益现金流的不稳定性。就著作权而言，其权利的取得始于创作完成之日，且无需登记或审批。若两人出于巧合，均独立创作完成了相同的作品，则两人均可取得各自的著作权，这便使得著作权具有极高的不确定性。而专利权和商标权，其权利的取得虽需经过主管机关的审查和核准，但由于审查员不可避免地受到知识、经验与资源的限制，审查结果难免会出现疏漏，此时若第三人对授权提出异议，申请宣告专利无效或撤销商标注册，基础资金的稳定性将会受到极大挑战。[②] 受上述因素影响，知识产权的权利状态处于随时改变的动态过程中。一旦证券化的知识产权事后被宣告无效，则证券化的基础资产不复存在，原来的被许可人也不再负有支付许可使用费的义务，现金流也就无法产生，如此无疑加大了知识产权资产证券化实际操作中的法律风险。

二、市场风险

市场是衡量一项资产价值的重要标准之一，产品在市场上越受欢迎，其价值相应越高，证券化后可变现的收入则越可观。现代社会中，市场在很大程度上受到消费者偏好、流行趋势等诸多不确定性因素的影响，这些不确定因素的

---

① 尤雅. 知识产权证券化的国际借鉴及其在中国的适用性研究 [J]. 中国证券期货, 2011 (8)：35.
② 黄光辉, 朱雪忠. 知识产权证券化的风险研究——基于知识产权特性的分析 [J]. 科技管理研究, 2009 (12)：509 – 510.

存在无疑增加了知识产权资产证券化后的风险。

任何资产的价值都是动态的，它会随着市场的变化而变动，但知识产权的价值较有形资产的价值更不稳定，其价值具有不确定性，知识产权价值可能会因市场条件的变化而出现剧烈波动的情况。在知识产权资产证券化中，知识产权的收益受到大众喜好与科技变化的影响，而此种风险将大幅增加信用评级的复杂程度。[①] 就商标权而言，其价值的关键在于商标的品牌影响力。随着全球化贸易进程的加快，越来越多的国际品牌入驻我国，消费者的可选择面越来越宽，在此背景下，流行趋势、大众的喜好会不断变化，原本受欢迎的品牌、产品可能很短时间内"失宠"，这无形之中增加了商标价值的不确定性。在专利证券化中，专利往往与技术挂钩，专利资产可能会因实操性不强、前期投入成本过高等原因而不被市场所接受。此外，在"大众创业、万众创新"的大背景下，相像专利技术层出不穷，各种技术更新的速度也尤为迅速。发明专利固然有 20 年的排他期，但其实际可获利期往往可能只有三五年，当更经济、效率更高的替代技术出现时，消费者会毫不犹豫地将其舍弃，专利价值则会随即降低。著作权的证券化在实例中最为常见，相较而言，其市场风险较小。以小说为例，以金庸、琼瑶等知名小说作家为代表，其作品各成一派，有忠实的受众群体，若将其作品进行证券化，信用评级将会很高，可获得稳定的现金流。但另一方面，随着社会的发展，涌现出了一批网络作家和兼职作家，其作品固然受到著作权法的保护，但其作品的受众相对不够稳定，很大程度上受流行趋势、大众喜好的影响，往往出现昙花一现的状况，作品价值波动较大。

三、诉讼风险

证券化交易活动面临诉讼风险，这是不可避免的。一方面，证券化的知识产权资产会出现因侵权而被宣告撤销或被宣告无效的诉讼风险；另一方面，市场上存在的剽窃、制造销售假冒伪劣产品等侵权行为也会导致知识产权资产证券化的失败。此外，在知识产权归属发生纠纷时，若争议各方不能通过谈判和

---

① 黄光辉. 我国发展知识产权证券化的制约因素研究 [J]. 中国科技论坛，2009（4）：116.

协商的方式解决，则同样可能会导致知识产权诉讼。从经济分析的角度来看，诉讼的进行势必支出诉讼成本，而高昂的诉讼费用支出必会影响到证券化现金收益的分配，同时要面对未来判决结果不确定的风险。[①] 针对耗时耗资的专利诉讼，美国已发展出"专利诉讼保险"，企业可以通过专利诉讼保险的方式来分摊风险。但我国保险市场尚未推出此类保险品种，只能借助现有的协商或诉讼机制解决纠纷。

四、评估风险

构建知识产权的资产池时，只有准确地进行价值评估，才能在后续的证券发行过程中通过预测未来收益的现金流进行合理的定价，其中专业服务机构给予价值评估是证券化过程中不可缺少的步骤，其能够确保知识产权资产的价值。知识产权的价值取决于在使用的过程中能给所有权人带来多大的利益，一般有两个衡量标准：利益的增加量或者成本消耗的减少量。例如，能够增加多少市场占有率、限制其他竞争者进入市场的力度。[②]

我国知识产权评估出现的时间较短，受技术等因素的限制，专业评估机构的建立还需要一段时间；评估规则的选择是影响基础资产价值判断的关键因素，不同的规则得出的评估结果往往相去甚远，这将直接影响未来可获得的现金流量。郑成思（1998）在《知识产权法》中讲评估，就认为"重点不在讲计算公式及方法上"。虽然国内外经济学论著中介绍了多种知识产权评估公式，但在实践中很少应用。至于国内有些地方性规章规定的"以评估房地产及其他有形资产的方法去评估知识产权"，在实践中是行不通的。如果不强调"无形"这一特点，无论在理论上有多少理由，在实践中也将被证明是重大失误。[③] 目前常用的资产评估方法包括成本法、收益法、市场法等。对知识产权的评估，我国尚缺标准化的价值评估规则，实践中也未形成规范统一的知识产

---

① 黄光辉. 知识产权证券化风险的模糊综合评价 [J]. 科技进步与对策，2011（18）：115.

② 李琼. 知识产权证券化之基础资产的选择与风险规避 [J]. 天津商务职业学院学报，2018（5）：21.

③ 尤雅. 知识产权证券化的国际借鉴及其在中国的适用性研究 [J]. 中国证券期货，2011（8）：35.

权评价模型，一般是简单地移植传统的资产评估方法。这些传统评估固然经过历史的检验，能起到近乎准确的价值评估效果，但传统评估方法往往致力于对一般资产（如金融资产或不动产）的评估，而未将知识产权无形资产的特殊性考虑在内，导致价值评估结果公信力不足。

五、披露风险

特殊目的机构（SPV）在受让知识产权基础资产池并为此发行知识产权证券时，往往被要求将涉及知识产权资产证券化的各种主要文件和重要相关信息公开披露，在此披露过程中亦可能滋生法律风险，主要有：一是对证券发行信息披露内容进行虚假陈述的法律风险。在知识产权资产证券化过程中承担不同职能的各个主体均存在不同程度虚假陈述或欺诈的可能，种种虚假陈述甚至欺诈行为往往会给投资者权益造成重大的损害。二是专家报告的误导性招致的风险。知识产权资产证券化的主要目的是吸引投资者，将未来现金流变现，以解决现时的资金短缺问题。而投资者决定是否对某项资产投资，最直观的数据便是资产评估机构的评估师、会计师事务所的会计师、律师事务所的律师或者证券相关行业的资深专家提供的财务文件、法律文件和技术文件。但由于专家自身能力水平、工作经验参差不齐，所提供的基础资产的资料完整度、运用的评估标准也各不相同，此过程中出现的错误或疏漏很可能导致专家提供误导性的分析报告[1]，从而使证券投资商作出误导性的判断。

六、收益风险

由于知识产权的客体是无形的智力成果，任何人均无法对其实际占有和控制。在法律上，知识产权属于绝对权，其义务主体为不特定的任何人，此种情况下，权利变动的事实就无法一一通知义务人。而只有将变动的事实告知社会公众，才能使他人知道自己对何人负有法律上的不作为义务，权利人才能对任

---

[1] 刘艳平. 知识产权证券化法律风险制度研究［J］. 知与行, 2017（12）: 137.

何义务人主张权利，公示以履行告知义务则显得尤为重要。知识产权无形性的特点决定了公示其权利变动状态的最优方式便是登记。[1] 目前，我国对知识产权资产证券化的监管不是很严格，不同类型知识产权的登记方式和登记机关不尽相同。在这种体制下，往往会出现一些投机分子，在将某项知识产权通过证券化进行融资以后，又将该知识产权出售给其他方，由此造成原先的被许可方面临市场的多方竞争，进行知识产权资产证券化后的收益大大降低，导致知识产权资产证券化的现金减少，最终影响债券本息的支付。

另一方面，知识产权不同于传统资产，作为一种新型的金融资产，其许可收益的支付结构较为特殊，由先期支付的固定金额的预付费和后续支付的由产业标准确定的许可费两部分组成。其中，后续支付的许可费支付标准通常按照被许可人销售金额的比率确定，这无形中使得知识产权许可收益必然要随被许可人销售金额的波动而波动[2]，即当被许可人经营状态良好时，证券化的现金流可以得到充足的资金保证；当被许可人经营状态欠佳时，证券化的现金收益因缺乏保障而造成资金链条供给不足，这一现状无疑增加了收益的不确定性，同时滋生许可收益不稳定的法律风险。

七、流动性风险

我国证券化市场的发展普遍存在流动性不足、投资者过于单一的问题。目前，我国证券化商品的交易往往通过银行间市场或者大宗商品交易平台进行，平台的受限性制约了许多机构和个人投资者参与到资产证券化商品的交易中。根据中国人民银行的相关数据，我国有相当部分的居民具有充裕的购买力，这种资本的闲置无疑是一种浪费。知识产权资产证券化作为一种新兴事物，加之其相较于传统证券资产的复杂性，公众了解甚少，无法对其进行科学的分析，选择适合自己的理财产品，故而大多数投资者选择观望，增加了知识产权资产证券化融资的难度。

---

[1] 钟瑞栋. 知识产权证券化风险防范的法律对策［J］. 厦门大学学报（哲学社会科学版），2010（2）：64.

[2] 刘艳平. 知识产权证券化法律风险制度研究［J］. 知与行，2017（12）：137.

此外，交易方式的落后也对资金的流动产生影响。作为中国第一家技术产权交易市场，上海技术产权交易所发展势头强劲，已有数千项知识产权挂牌交易，然而其交易方式相较于发达国家仍处于相对落后的模式：首先资金的需求方将自己的某项知识产权相关信息公布在相关网络平台，以交易所为媒介，投资方与知识产权所有人通过面谈的方式确定知识产权的价格、相应的交易方式，以及决定是否聘用评估机构。这一操作流程无疑弱化了评估机构的作用，增加了未来融资过程中的法律风险等。

总结而言，知识产权资产证券化的法律风险主要来自两个方面：一是知识产权资产证券化结构的内部风险；二是知识产权资产证券化结构之外的风险。在知识产权资产证券化过程中出现的各类风险无法避免，但并非不可规避。应立足实际，建构完整的风险防范机制，推动知识产权资产证券化以较为安全、稳定、便捷的方式展开。

第五节　知识产权资产证券化制度构建

一、知识产权资产证券化推行模式研究

（一）主导模式选择

有学者依据证券化主导者的不同将我国知识产权资产证券化活动划分为四种模式，分别为以国家级高新技术产业开发区为主导的中关村模式、以中央银行、银监会为主导的银监会模式、以证监会为主导的证监会模式以及由类似科技部等国家部委为主导的科技部模式。各模式主导主体不同，各有利弊。[①] 笔者认为，上述以主导主体为标准的模式划分虽然能反映出现有证券化模式的不同特点，但是未揭示出各模式之间的本质区别。结合知识产权资产证券化的基本特征和现有环境，可以依据政府对证券化参与程度的不同将知识产权资产证

---

① 董涛. 我国推行知识产权证券化制度问题研究［J］. 当代经济科学，2008（3）：82-84.

券化的发展模式分为政府主导型和非政府主导型。

1. 政府主导型模式

所谓政府主导型模式，指的是由科技部这类拥有大量技术成果的国家部委来主导，推进知识产权资产证券化的工作模式。日本在进行知识产权资产证券化的过程中主要采取的就是政府主导型证券化模式，政府在知识产权资产证券化过程中起导向作用。在政府主导型模式中，发挥政府导向作用可以通过以下方式：首先，由政府成立专门的知识产权资产证券化主管机构，负责知识产权资产证券化立法、政策制定、指导及监督工作。具体可由国家知识产权局和证监会联合成立专门机构，主管我国知识产权资产证券化相关工作。其次，由政府牵头成立知识产权信托公司等中介机构作为 SPV，进行知识产权资产证券化操作。具体可由科技部等主管部门与高新技术产权交易所联手组建独立的公司，主要由政府出资，同时吸纳部分私人或机构资金，专门履行 SPV 职能。[1]由政府出资成立 SPV 既可为投资者提供基本的信用支持，又能保证国家对高新技术产业发挥调控作用。

在政府主导模式下，有学者主张可以由科技部作为牵头单位，开展知识产权资产证券化工作。科技部主导的优势在于科技部作为国家科研开发工作的主管机关，可以非常清楚地了解某项科技成果的技术成熟度与市场发展前景，从而能够将那些最适合市场化、产业化而缺乏后续资金的科技项目推向市场，产生良好的市场效益，同时还可以为这些科技成果寻找到一个权利归属主体，改变"国家所有实际就是无人所有"的局面。[2]

2. 非政府主导型模式

非政府主导型模式包括由银监会或证监会主导的模式，以及高新技术产业开发区主导的模式。银监会模式是相较于证监会模式而言的，是指在中央银行和银监会主导下，陆续出台一系列试点制度，确立以信贷资产为融资基础，由

---

[1]　方媛，熊文新. 知识产权证券化融资方式［J］. 西南农业大学学报（社会科学版），2013（1）：50.
[2]　董涛. 我国推行知识产权证券化制度问题研究［J］. 当代经济科学，2008（3）：84 – 85.

信托公司组建信托型 SPV，在银行间债券市场上发行资产支持证券并进行流通的证券化框架。证监会模式则是指在证监会主导下，由创新类证券公司向社会发售资产收益凭证，发起设立专项资产管理计划，用计划购买企业资产产生的现金流偿付投资者权益，并通过证券交易所大宗交易系统流通资产收益凭证的企业资产证券化框架。① 一般而言，高新技术开发园区中中小型高科技企业数量多，企业的主要资产多为知识产权，企业对资金需求量大，但缺少有形财产作为抵押。在这种情况下，以产业园区为主导进行知识产权资产证券融资更具有原动力。

银监会模式与证监会模式两者共同的特点，也是两者的共同优势，在于两者都具有资产证券化制度提供者与监管者的职能，因此在进行知识产权资产证券化试点方面所面临的法律风险可以说最小。银监会和证监会模式最大的不足在于推行知识产权资产证券化的动力和基础资产的选择方面。在银监会模式下，作为发起人的商业银行起主导作用，主导从资产的选定、结构设计、资产服务到信用增级等工作。② 但是由于商业银行对高技术成果的市场前景和技术成熟程度缺乏足够的专业知识，因此选定哪些技术成果能够获得良好的市场收益从而纳入资产池，以及资产池的经营管理等都必须求助于其他权威机构，这将增加知识产权资产证券化过程中的时间成本和其他费用。

对高新技术产业开发区而言，由于开发区内各企业的高科技属性、已有资产的构成结构及知识产权本身所具有的吸引融资等优势，均为知识产权资产证券化这一新型融资方式的发展提供了合适的土壤。在具体实施方面，由于高新技术开发区内中小企业较多，单个企业融资呈现金额较小且比较分散的特点，基于此，可以由第三方设立一个独立的、常设的、可循环的 SPV，需要融资的企业将其所有的知识产权真实销售给该 SPV，形成资产池，之后该 SPV 以该资产池为基础发行证券，证券化融资的收入用于资助更多的交易。通过这种滚动模式，SPV 与其客户均能够获得持续的融资能力。③ 采用这种常设 SPV 的模式，在一定程度上可以摊薄证券化的融资成本，从而满足中小企业的融资需

---

① 董涛. 我国推行知识产权证券化制度问题研究［J］. 当代经济科学，2008（3）：84 – 85.
②③ 同①，83.

求。这种主导模式特别适合高科技企业数量众多、集中的高科技园区的融资需求。但是这种模式也存在着一些缺陷和不足。例如，设立专门的 SPV 需要独立的机构和人员，需要花费较多的维持费用，这对高新技术开发区的管理结构提出了较大的挑战。同时，高新技术开发区融资人数众多，容易出现基础资产异质性等情形，导致现金流不稳定，加大融资成本。

鉴于我国目前知识产权资产证券化尚处于发展初期，因此在主导主体的选择上，本书认为，现阶段我国采取政府主导型模式更为恰当，原因主要在于：①我国社会信用基础比较薄弱，资本市场还不太成熟，客观上需要政府在新型证券进入市场初期予以引导和介入，提高知识产权资产证券在市场上的可接受性，推动知识产权资产证券化的发展；②相对而言，知识产权资产证券化的风险和复杂程度高于其他基础资产的证券化，更需要政府给予支持和技术指导，不能完全交由市场运作；③国外的经验说明，起步阶段采取政府主导型模式是有益的。美国早期实施住房抵押贷款证券化，成立了多家机构，专门为证券化提供信用支持，充当造势商的角色①，属于非常典型的政府主导型模式。

（二）SPV 模式选择

SPV 作为知识产权资产证券化结构中最为关键的主体，在国际上有以下三种类型。

1. 公司型 SPV

公司型 SPV 被称作特殊目的公司（SPC）。公司型 SPV 一般是为了某项知识产权资产证券化交易而成立的专门公司，通常由发起人组织设立。发起人组成公司后将需要证券化的知识产权出售给公司型 SPV，该公司型 SPV 再以该资产发行股票、债券等证券。② 采用公司型 SPV 的优势在于，可以发行多种类型

---

① 盛军. 美国政府在住房抵押贷款证券化中的作用及其对我国的借鉴 [J]. 国际金融研究, 2000 (10)：65.

② 李军，马凤玲，等. 资产证券化中特殊目的机构的法律形态 [J]. 法制与经济（上半月），2007 (9)：62.

的证券，可对知识产权产生的预期现金流进行重组和分割，把优次级资产组合起来，发行不同级别或者多种支付来源的证券，而且公司型 SPV 还可参与各种证券化资产的转让交易，增加了灵活度，有利于投资者选择。

2. 信托型 SPV

信托型 SPV 被称为特殊目的信托（SPT），是指委托人（发起人）基于对受托人的信任，将拟证券化的知识产权委托给受托人，由受托人按委托人的意愿、以自己的名义为受益人（主要是投资者）的利益或者特定目的进行管理或处分，向发起人发行代表证券化资产享有权利的信托受益证书，然后由发起人将受益证书出售给投资者。[①] 由于信托制度能够将信托财产的所有权和收益权有效分离，并且较好地保持信托财产的独立性，能够更好地起到其破产隔离"防火墙"的作用，在美国、日本等国家的知识产权资产证券化中是使用较多的一种 SPV 形式。

3. 有限合伙型 SPV

有限合伙型 SPV 通常由负无限责任的普通合伙人（破产隔离实体）和负有限责任的有限合伙人（投资者）组成，用募集资金购买合伙人的基础资产，由普通合伙人进行经营，并负无限清偿责任，而有限合伙人仅就自己出资部分承担风险及分享利润。[②] 在我国，虽然已经出台了《合伙企业法》，但是考虑到知识产权资产证券化在我国还属于摸索阶段，发展尚不完善，风险较大，因此该种方式不在设立 SPV 形式的考虑之列。

根据我国目前的情况，知识产权资产证券化的 SPV 模式宜采用信托架构。我国已有的资产证券化实践中采用的操作模式大致有两种：一种是特殊目的信托 SPT，一种是专项资产管理计划（SAMP）。其中，央行和银监会推行的信贷资产证券化采用 SPT 模式，而"开元证券"和"建元证券"证监会推行的资产证券化则采用 SAMP 模式，如"中国联通网络租赁费收益计划""莞深高速

---

① 冯晓青，张艳冰. 信托成知识产权证券化主推手［N］. 证券日报，2013 – 07 – 04（002）.

② 李军，马凤玲，等. 资产证券化中特殊目的机构的法律形态［J］. 法制与经济（上半月），2007（9）：63.

公路收费收益权专项资产管理计划""中国网通应收账款资产支持受益凭证"等。SAMP 的核心理念虽然也是信托，但其依附券商而设立，并不具备明确的法律主体地位，因此在"真实销售"和"破产隔离"的法律认定方面存在很大的不确定性。此外，证监会对 SAMP 的担保要求也加大了这种模式的融资成本。[①]

综上所述，我国的知识产权资产证券化实践应当采用 SPT 模式。在这一模式下，知识产权资产的"真实销售"和"破产隔离"可以有效实现，而且发起机构可以作为服务商参与证券化过程的服务工作。在我国的知识产权资产证券化过程中，政府部门的参与可以大大降低知识产权资产实质调查的繁琐程度，从而减少知识产权资产证券化的初始成本。

二、知识产权资产证券化推行风险防范

虽然我国目前在法律体系上已经勾勒出较为健全的金融法律体系与知识产权法律体系，但是其调整内容过于传统，相应的法律规范大多停留在对传统的证券法律关系的调整和普通的知识产权法律关系的调整层面，并没有针对属于新型金融衍生工具的知识产权资产证券化作出专门规定。[②]在没有专门立法体例的情况下，在知识产权资产证券化的实际操作过程中应尤其注意对风险的规避。知识产权资产证券化的法律风险主要来自两个方面：一是来自知识产权资产证券化结构内部的风险；二是知识产权资产证券化结构之外的风险。

（一）内部风险防范

知识产权资产证券化内部风险防范机制的核心内容是：建立防范可能损害知识产权资产证券化的基础资产池品质的风险防火墙，尤其是隔离 SPV 自身经营风险和证券化发起人经营风险可能给知识产权资产证券化基础资产池造成

---

① 陈霞. 专利资产证券化法律问题研究［D］. 长春：吉林大学，2010.
② 刘艳平. 知识产权证券化法律风险制度研究［J］. 知与行，2017（12）：138.

的法律风险，把基础资产池在知识产权资产证券化整个期间保护起来，以保证知识产权资产证券化所依赖的稳定现金流不受参加知识产权资产证券化各方当事人经营风险影响。[①] 内部风险具体包括以下几个部分。

1. 资产池组建风险的防范

（1）拟证券化知识产权的选择。

拟证券化知识产权的品质决定了证券化中现金流量的状况，是证券化成功的关键，因而在证券化之前应当对拟证券化的知识产权严格把关。具体可以采取以下措施：①开展尽职调查。聘请专业的知识产权工作人员、会计师或法律专家对初选的知识产权进行权利状态的审查，审查内容包括：知识产权是否存在、是否有效、效力范围、效力期限、产权归属等。通过调查主管机关授权登记、权利效力法律分析等，确保知识产权本身及其许可协议的有效性，规避证券化的风险。[②] ②拟证券化知识产权的多样选择组合。单个知识产权所产生的现金流不足以分散知识产权资产证券化带来的风险，因此在知识产权资产证券化过程中必然需要扩大知识产权的数量，提高知识产权的质量。首先，在对拟证券化的知识产权进行选择时，可以采取多样化选择、优劣互补的策略。例如，将具有不同保护期和处于不同特定时期的知识产权进行长短、新老的搭配，保证在证券化的每一时期都有稳定、持续的现金流。其次，组建资产池的知识产权在种类上应尽量多样化，将资金、地点等分散的包括专利使用收益、商标使用收益和版权使用收益在内的知识产权组合成规模足够大的资产组合。最后，被许可人所在行业与地域应分散，从而能以某行业或地区的经济增长的收益补偿其他行业或地区的经济衰退带来的损失，增强证券化产品的抗风险性。[③]

（2）权利瑕疵风险的责任承担。

知识产权资产证券化过程中，发起人对其资产的权利瑕疵负有告知义务，SPV 在对知识产权进行资产池的组建和信用评级时也负有对该权利的尽职调查义务。[④] 在双方均负有义务的条件下，可在发起人同 SPV 订立知识产权资产证

---

① 黄勇. 知识产权证券化法律风险防范机制之研究 [J]. 政法论坛，2015 (33)：141 – 144.

②③ 梁张华. 知识产权证券化的风险及其控制研究 [J]. 价值工程，2013 (6)：154 – 156.

④ 张亚玲，夏云霞，等. 知识产权证券化的法律风险及防范 [J]. 法制博览，2018 (14)：53.

券化合同时，通过多方约定的形式明确权利瑕疵责任的承担，如可以采取过错责任的归责原则等。

2. 资产池移转法律风险的防范

知识产权资产证券化过程中，知识产权的转移是最重要的环节之一，具体是指知识产权资产证券化发起人将知识产权转让给证券发行人即特殊目的公司SPV。这种转移知识产权的方式一般有两种：一种是以"真实出售"方式转移，此时SPV成为拟证券化知识产权真正的所有权人；另一种是以"信托转移"方式转移，此时SPV是拟证券化知识产权名义上的所有权人。

（1）"真实出售"法律风险的防范。

以"真实出售"方式转移，具体是指知识产权原始权益人将拟证券化的知识产权转让给SPV，SPV向原始权益人支付购买知识产权的对价，此时用于证券化的知识产权不再是原始权益人（即证券化发起人）的财产，而是属于SPV的法人资产，此后，即便知识产权原始权益人破产，也不影响SPV对该知识产权的所有权，即将被转让出售的知识产权与转让方（知识产权原始权益人）的经营风险相隔离。"真实出售"将可能面临被否定的风险，从而阻止破产隔离功能的实现。例如，如果合同中知识产权转让条款设计不当，法院可能在发生纠纷之后将所有权移转定性为担保贷款行为，从而否定"真实出售"。结合英美现行司法规定，可以通过制度调整实现破产隔离。此外，"真实出售"只隔离了发起人破产对证券现金流产生的影响，并未规避SPV破产对证券化产生的影响，因此降低SPV自愿破产的可能性是强化该安全屏障的主要途径。例如，可以通过以下措施进行限制：一是通过SPV的章程对SPV的自愿申请破产行为进行限制；二是由发起人的控制人对SPV发行的证券给予附条件担保。如果SPV具有偿付能力却申请自愿破产，则担保条款生效。

（2）"信托转移"法律风险的防范。

知识产权转移的第二种方式为信托转移。根据我国《信托法》的规定，信托资产具有独立于委托人、受托人的特点，不受两者破产的影响，而且在信托方式中资产的"真实销售"和SPV的"破产隔离"是同时完成的。通过这种方式，可以为拟证券化的知识产权在SPV和原始权益人之间建立起法律风险"两道防火墙"①，即实现知识产权所有权与 SPV 之间的破产隔离和知识产权与原始权益人之间的破产隔离。对于前者，根据信托法理论，信托财产权分离为管理权和受益权，分别归属于受托人和受益人，信托财产所有权名义上转移给了受托人 SPV，但信托财产不属于 SPV 的自有财产，SPV 的债权人不得要求信托财产抵偿 SPV 的债务。对于后者，在证券化的知识产权与原始权益人之间建立起法律风险"防火墙"。根据信托法理论，知识产权信托转移一旦有效成立，受托 SPV 将取得信托财产的所有权，知识产权则与信托委托人即知识产权原始权益人的财产相脱离，即使信托委托人经营严重亏损、对外负债，其债权人也不得要求以信托财产即知识产权抵偿债务。

（二）外部风险防范

1. 建立信息披露机制

我国证券法规定，"证券发行的信息公开以证券发行主体的经营、资产和财务状况为主要内容；以真实、完整、准确、及时为基本原则"。知识产权资产证券化能顺利进行的重要原因在于投资者对该证券的信任，因此建立和完善证券化信息披露制度对知识产权资产证券化风险防范至关重要。信息公开具有强制性，这对于防止证券欺诈、保障投资者权益起到积极作用，同时证券投资人可以从证券发行人披露的信息中了解该证券的风险和收益，从而作出是否投资的决策。缺失信息披露或者没有信息披露，则公众无从知晓资产证券化过程中的风险分布与证券化资产的信用基础。因此，知识产权资产证券化信息披露制度的构建是规避风险的应然选择。② 完善信息披露体制可以从以下几个方面进行考虑：第一，明确信息披露的内容。信息披露应当注意以下三个方面：一是资产池的信息披露，资产池中知识产权的具体情况是投资人决定是否投资的主要因素；二是参与主体（包括发起人和 SPV）对自身经营状况的信息披露，投资一般是以信用为基础，深入了解参与主体各方面基本情况，有利于投资者掌控风险，作出决策；三是证券化运行活动中的信息披露，投资者充分参与其

---

① 黄勇. 知识产权资产证券化法律风险防范机制之研究 [J]. 政法论坛，2015（33）：141.
② 刘艳平. 知识产权证券化法律风险制度研究 [J]. 知与行，2017（12）：138.

中，推动证券化合法进行。第二，明确信息披露的责任主体。知识产权资产证券化的发行人是 SPV，因此 SPV 作为法定的公开信息披露义务人较为合适。在披露过程中，SPV 应保证各种披露文件内容的真实性，并规定 SPV 未履行义务情况下应当承担的责任。第三，完善信息披露监管体制。已有行业规范赋予中国人民银行监管证券信息披露的权利，基于知识产权资产证券化的特殊性，可以根据发行主体的不同确定不同的监管主体。

2. 建立多重风险防范与保障机制

知识产权资产证券化是一项系统工程，涉及多方主体，如企业、银行、评估机构、担保公司、保险公司、政府部门等，每个主体均是证券化过程中的重要一环。可以通过知识产权资产证券化体系的建立，明确各主体在证券化过程中的责任，以实现证券化过程中法律风险的分散。[①] 例如，应明确担保公司应当承担的担保责任，明确评估机构存在过错时应当承担的责任，明确特殊目的机构未尽到注意义务需承担的责任及发起人应当承担的权利瑕疵的担保责任等。明确多主体在证券化过程中的责任可以反向促进各主体在证券化环节中履行注意义务，实现证券化多重风险的防范。

此外，由于我国知识产权资产证券化尚处于发展初期，需要政府发挥主导作用。为了分散证券化过程中的风险，给予投资者信心，促进知识产权资产证券化的繁荣发展，可以由政府牵头，设立专项知识产权资产证券化基金，为参与该基金的权利人提供担保。在知识产权证券发生经营困难，难以向投资人支付本息时，由该专项基金给予投资人补偿等。

目前全国各地已陆续开始开展知识产权资产证券化工作，知识产权资产证券化必将在实现知识产权资产价值层面发挥重要作用，当下应积极探索、构建知识产权资产证券化制度，优化知识产权资产证券化模式，建立完整的、体系化的内部风险防控及外部风险管理系统，推动知识产权资产证券化持续、稳定、健康发展。

---

① 刘艳平. 知识产权证券化法律风险制度研究 [J]. 知与行，2017（12）：139.

第六节　知识产权资产证券化实施案例

一、版权资产证券化

（一）音乐行业的证券化

1. 鲍伊交易案

1997 年，英国创作型摇滚歌手大卫·鲍伊鲍伊因陷入税务纠纷，短时间内需要大量的资金，鲍伊遂选择和美国著名的投资银行普曼集团合作，将其于1990 年以前录制发行的 25 张专辑（包括 287 首作品）的版权打包进行证券化。发行方将鲍伊作品产生的所有收入（含广告费用、唱片销售收入、广播和演出带来的版权收入及电影改编授权费等）以利息的形式支付给证券的拥有者。此次债券的发行总额为 5500 万美元，10 年期限，利率为 7.9%，比同期 10 年期限的国债利息率和公司债券收益都要高，金融界称之为"鲍伊债券"。① 鲍伊债券采取私募发行方式，由保德信证券投资信托公司全额认购。

鲍伊证券的发行具有开创性的意义，开启了知识产权资产证券化的先河，开拓了资产证券化的领域，将传统资产证券化的基础资产从抵押住房贷款、汽车按揭贷款、信用卡贷款、应收账款等扩展到了知识产权。

2. 迈克尔·杰克逊交易案

2005 年 5 月在美洲银行安排下，迈克尔·杰克逊（Michael Jackson）以其拥有的披头士唱片专辑一半的权益为担保，向美国的堡垒投资集团（Fortress Investment Group）融资 2.7 亿美元。2006 年 4 月，索尼公司与联合拥有人迈

---

① Bruce Berman. From ideas to assets：Investing wisely in intellectual property ［M］. New York：Wiley，2002：443.

克尔·杰克逊及债权人堡垒投资集团再次达成协议，杰克逊将其当初购买的
4000 首披头士歌曲的版权转让给索尼公司使用，同时堡垒投资集团给予杰克
逊 3 亿美元融资。[①]

3. Chrysalis Group 交易案

2001 年 3 月，苏格兰皇家银行为英国克里勒斯集团公司（Chrysalis
Group PLC）设计了一项结构融资交易案，该案是国际音乐制片人的第一例
结构融资交易案。本案中的融资担保物是 Chrysalis Group 的国际音乐作品版
权以及由该音乐作品所产生的收益，通过在美国商业票据市场以出版商股份
的形式发行，实现 6000 万英镑的融资，这一金额只是该音乐作品总价值的
40%。同时，交易还允许 Chrysalis Group 享有对下属各音乐子公司的管理和
控制权。从这个角度来说，本案只能算一次担保贷款，不能将其视为"真实
的销售"。

（二）电影行业的证券化

1. "梦工厂" 交易案

梦工厂（Dream Works）电影工作室欲通过证券化融资来增强其卡通影片
和实景影片的制作和生产能力。2012 年 8 月，在富利波士顿金融公司（Fleet
Boston Financial）和摩根大通（JP Morgan Chase）的安排下，梦工厂将其旗下
工作室的 36 部电影的版权收益权以真实销售的方式转让给了一个远离破产风
险的特殊目的机构 DW Funding，并以此发行了 10 亿美元的循环信用债券
（revolving credit facility）。此次电影版权证券化在基础资产的选择上有相当严
格的标准。这次证券化中有关方面采取了一种特殊的未来收益预测技术，运用
这种技术可以根据电影前几周的票房收入来预测最终收入。在这次证券化中，
当且仅当某部电影在美国国内上映 8 周，其营利能力充分展现出来之后，电影
版权的收益权才会被转让给 SPV。在转让的权益之中，除了国内剧院和付费电

---

① 邹小芇，骆晨，等. 亟待关注的新动向：版权证券化案例解析［J］. 浙江金融，2008（7）：45.

视的收益权外，其余所有未来收益权都被转让给 SPV。被转让的电影包括《角斗士》《美国丽人》和《拯救大兵瑞恩》等卖座电影。

JP 摩根旗下的一家应收账款公司和富利国民银行旗下的老鹰资本公司以及另外的七家金融投资公司分别购买了 1 亿～1.5 亿美元的债券。此次证券化采用的偿还结构是典型的循环型支付结构，其中有三年的滚动期，在此期间梦工厂可以增加新的电影版权。

2. "寅次郎的故事"交易案

日本知识产权资产证券化的开端源自瑞惠证券 2002 年承销的证券发行[①]：以日本著名电影制作公司松竹股份有限公司许可东京电视台播放系列电影《寅次郎的故事》所获得的许可费用为背景，将著作权中的传播权作为原资产转让给特殊目的公司（SPC），从而发行证券获得融资。

（三）软件作品证券化

1. Tideline 交易案

2005 年，美国出现了首例软件作品证券化融资案例。该交易案由 Tideline Capital 公司设计。Tideline 公司是一家专门为软件公司提供融资服务的公司，其进行此次软件作品证券化的程序与通常的知识产权资产证券化程序有所不同。首先，Tideline 公司与全美最主要的 200 家大型软件销售商达成协议，为软件购买者提供融资服务。之后，Tideline 参与到软件销售商与购买者之间的商业谈判中，促使交易达成，并向不能全额支付货款的购买者提供贷款用于购买软件。随后 Tideline 将对贷款者的应收账款项转让给 Tideline 设立的 SPV，由该 SPV 打包发行证券，用贷款者偿还的应收账款支付证券持有者的本金和利息。Tideline 构建了一个数额达 1 亿美元的资产池。资产池中的应收账款一旦达到了该数额，Tideline 就将资产打包发行证券，然后进行下一期的资产融资证券的销售。这些应收款项通过证券市场上的 ABS 获得滚动资金，证券化

---

① 铃木公明. 知识财产的价值评估 ［M］. IMS 出版社，2003：36.

融资的收入用于资助更多的交易。通过这种滚动的模式，Tideline 与其客户能够获得持续的融资能力。^①

二、专利资产证券化

（一）耶鲁大学交易案

耶鲁大学为完成校内一批基础设施建设急需资金。当时耶鲁大学已经成功开发了抗艾滋病新药 Zerit 并将其获得的药品专利许可给了必治妥公司（Bristol Myers Sqibb）。如果按照许可使用合同的支付惯例，许可人获得全部许可费收入需要漫长的时间，在急需资金的情况下，耶鲁大学遂将其药品专利的许可使用费收益权出售给了 Royalty Pharma 公司。耶鲁大学当时的另一层考虑是分散风险。

Royalty Pharma 公司于 2000 年 7 月专门成立了一家远离破产风险的特殊目的机构 BioPharma Royalty 信托，并将许可使用费收益权以真实销售的方式转让给了该信托。BioPharma Royalty 信托随后对该专利许可使用费收益的 70% 进行证券化处理，发行了 7915 万美元的浮动利率债券和 2790 万美元的股票，并向耶鲁大学支付了 1 亿美元的对价。所发行的债券和股票以耶鲁大学专利许可使用费收益的 70% 作为担保。

除了债券外，BioPharma Royalty 信托发行的 2790 万美元股票分别由 Royalty Pharma 公司、耶鲁大学及 BancBoston Capital 持有。在该次证券化交易中，Royalty Pharma 公司与 Major US University 分别作为债券的承销商和分销商。BioPharma Royalty 信托于每个季度直接从必治妥公司获得许可使用费收入，在收到资金后按照协议将收益支付给服务商和投资人，在交易结束时将余额平均分配给三个股东。交易结束时，耶鲁大学收到了现金和信托中的股权。但自 2001 年第四季度起，BioPharma Royalty 信托连续三个报告期违约。在 2002 年

---

① Kerry McGagin. Tideline capital raises 105 million in first – Ever software receivables securitization facility [EB/OL]. （2005 – 04 – 04）[2019 – 04 – 23]. http：//www. businesswive. corn/news/horne/20050404005302/en/Tideline – capital – Raises – 105 – Million – First – Ever – Software.

11 月底的第三季度受托人报告出炉之后，BioPharma Royalty 信托被迫进入提前摊还阶段。

当然，在这次证券化交易中也有赢家，那就是耶鲁大学。由于此次证券化交易是以 Zerit 的专利许可使用费收益权而非耶鲁大学的信用为担保的，而且该收益权已经转移给了 BioPharma Royalty 信托，因此投资人对耶鲁大学没有追索权，耶鲁大学无需对此次交易失败承担责任。①

（二）Royalty Pharma 交易案

耶鲁大学专利许可费收益权证券化交易结束后，Royalty Pharma 公司又于 2003 年进行了另一起专利许可费收益权证券化案。为了此次证券化交易，Royalty Pharma 公司专门成立了一家特殊目的信托机构 Royalty Pharma Finance Trust（RPFT），并将 13 种药品的许可使用费收益权转移至 RPFT，以此为基础发行了 2. 25 亿美元的循环融资债券。瑞士信贷第一波士顿公司参与设计了此次证券化交易。

在吸取了上次证券化交易失败的经验教训之后，Royalty Pharma 公司在这次证券化安排中选取了 13 种药品专利组建基础资产池，通过资产的多样化来降低和分散风险。同时，在时间分布上，13 种药品专利的有效期截止日期分布在 2005 ~ 2015 年，从而可以使基础资产池的未来现金流具有在时间分布上的连续性和平稳性。在选择药品专利时，Royalty Pharma 公司制定了以下几条标准：①选择实力雄厚的大药品公司。②瞄准生物制药。之所以瞄准生物制药，原因主要有两点：一是生物制药在治疗特定疾病时疗效较好，有利于占领市场；二是生物制药的研制和生产对于资金、技术、人员及事件的要求很高，困难很大，使得其他的竞争者很难进入这一领域，从而可以获得尽可能长时间的垄断地位和垄断利润。因此，相对于其他行业的专利，生物制药专利证券化的风险性相对较低。③选择具有广阔市场前景的药品，以保证在未来尽可能长的时间内获得稳定的现金流。④选择具有强势市场地位的药品。Royalty Pharma

---

① John S. Hillery. Securitization of intellectual property: Recent trends from the United States [EB/OL]. (2004 – 03 – 15) [2019 – 04 – 23]. http://www. iip. or. jp/summary/pdf/WCORE2004s. pdf.

选择的药品要么占据市场份额的前两位，要么就是治疗某种病症的唯一药品。另外，Royalty Pharma 在选择基础资产时对其感兴趣的药品专利进行了广泛而深入的实质调查，放弃了那些有效性不明确或存在悬而未决法律问题的药品专利。①

（三）Scalar 交易案

日本于 2002 年 3 月颁布了《知识产权战略大纲》，提出了"知识产权立国"的目标，并于 2003 年 3 月进行了首例专利权证券化交易——Scalar 专利权证券化交易。Scalar 公司是日本一家处于创业阶段的中小企业，其主要从事光学镜头业务并拥有多项光学技术专利。2003 年 3 月 Scalar 公司与同样处于创业阶段的 Pin – Change 公司签订了许可使用合同，同意将其 4 项专利授权给 Pin – Change 使用。之后，Scalar 公司将这些许可使用合同的未来收益权转让给了由一家信托银行控股的特殊目的机构，并以许可使用合同的未来收益为基础发行了债券、优先证券和受益凭证。此次专利权证券化的规模比较小，仅有 20 亿日元。证券化机构对所发行的债券进行了外部担保等信用增级处理。

三、商标资产证券化

（一）Guess 交易案

2003 年，美国洛杉矶的服装生产商 Guess 公司将 14 个产品品牌的特许使用权（其中包括 2 个国际使用许可协议和 12 个国内使用许可协议）进行了证券化。Guess 为此专门设立了一个具有破产隔离功能的 SPV——Guess Royalty Finance LLC，并将商标和专利转让给 SPV，SPV 再将这些商标和专利许可给 Guess 公司，用使用许可费作为证券每月利息支付的担保，并用商标和专利担保证券到期的本金偿付。

---

① John S. Hillery. Securitization of intellectual property：Recent trends from the United States ［EB/OL］. （2004 – 03 – 15）［2019 – 04 – 23］. http：//www. iip. or. jp/summary/pdf/WCORE2004s. pdf.

这次证券化交易没有使用外部信用增级，摩根大通作为本次证券发行的投资银行采用了多种措施保证债券的发行。除发行证券的 14 个品牌外，Guess 还拥有其他品牌可以支持公司本身的生存。因此，摩根大通设立了一个后备品牌管理公司，如果 Guess 公司的品牌特许使用者放弃该品牌，那么品牌管理公司需要负责寻找新的品牌特许使用权者，保证商标使用费的顺利收取。2008 年在金融危机的影响下，Guess 公司财务成本压力日益增加，于是与摩根大通进行合作，委托其使用盖尔斯商标发行期限为 10 年、利率 7.93% 的债券进行证券化融资，共获得 7500 万美元的资金，大大缓解了公司财务压力。[①]

2006 年，KCD IP U. S. 案和 DB Master Finance 案也相继成功。KCD IP U. S. 公司以商标许可使用权及其他权利为基础，发行了 18 亿美元的融资证券，DB Master Finance 也实现了 17 亿美元的证券融资。这两个案例将 Guess 案交易结构发展到了更高层次，是当时规模最大的知识产权资产证券化交易案。

（二）BCBG 交易案

美国许可使用费征收协会（LES）金融市场部于 2005 年公布了"BCBG Max Azria 知识产权资产证券化交易案"，主要参与者为 BCBG Max Azria 集团、UCC 融资公司、Principal 金融集团、New York 人寿投资管理公司及知识产权金融创新服务公司。

本案是 2005 年度最佳融资交易案。其创新点在于将知识产权资产证券化的基础资产类型进行了扩展，如将时装设计也纳入基础资产；第二个创新之处在于本案的融资规模较小，通常情况下资产证券化的融资结构设计成本很高，所以只有大规模融资（一般在 1 亿美元以上）才会实现，而本案的成功无疑为中小型企业树立了典范。

四、我国首支知识产权资产证券化产品在深交所成功获批

2018 年 12 月 14 日，我国首支知识产权资产证券化标准化产品"第一创

---

① 王晓东. 美国知识产权证券化融资的成功经验及对中国的启示 [J]. 管理现代，2012（6）：116.

业－文科租赁一期资产支持专项计划"（下称"文科一期 ABS"）在深圳证券交易所成功获批。① 该产品以北京市文化科技融资租赁公司为原始权益人，底层资产租赁标的物全部为专利权、著作权等知识产权，总规模达 7.33 亿元，实现了我国知识产权资产证券化零的突破。

不同于文化科技企业以自有知识产权直接发行资产证券化产品的方式，此次文科一期 ABS 的底层资产是以专利权、著作权为标的物的"知识产权融资租赁"业务，涉及发明专利、实用新型专利、著作权等知识产权共 51 项，覆盖艺术表演、影视制作发行、信息技术、数字出版等文化创意领域的多个细分行业；基础资产是以这些知识产权未来经营现金流为偿债基础形成的应收债权。

2017 年，国务院印发《国家技术转移体系建设方案》，提出开展知识产权证券化融资试点。国家知识产权局和证监会牵头成立了"推动知识产权证券化试点指导工作组"，北京市委宣传部、北京市文资办、北京市知识产权局和北京文投集团等共同参加，并邀请深交所参与，进行深入研究沟通，有效保证了文科一期 ABS 的成功落地。

据悉，针对知识产权证券化中价值评估和风险控制这一难题，北京市文化科技融资租赁公司组建了 120 人的专业团队，探索形成了较为成熟的知识产权评估办法和风险控制体系。此次进入 ABS 底层资产的知识产权均经过严格的风险审查，此外还引入了母公司北京文投集团作为差额支付承诺人，这一外部增信有效提升了文科一期 ABS 的信用等级和抗风险能力。

北京文投集团董事长周茂非介绍，此次文科一期 ABS 所募集的资金将全部用于投放新的知识产权融资租赁项目，由此形成资金闭环，进一步放大业务规模。公司还将不断丰富融资渠道，为更多文化科技企业尤其是中小文化科技企业提供知识产权融资服务，使知识产权真正成为驱动企业创新发展的"催化剂"。

作为此次产品发行的重要支撑，知识产权融资租赁是北京市服务业扩大开

---

① ABS 年报 | 2018 年企业 ABS 回顾（四）——知识产权 ABS 和消费金融 ABS 介绍［EB/OL］. (2019－01－24)［2019－03－17］. http：//www. sohu. com/a/291165471_498914.

放综合试点最大的亮点之一。2015 年 9 月，北京市文化科技融资租赁公司在全国首创知识产权融资租赁，以文化科技企业的专利权、著作权、商标权等无形资产为租赁标的物，向企业提供资金支持，充分盘活了企业的知识产权。3 年多来，北京市文化科技融资租赁公司已通过知识产权融资租赁业务直接为 400 余家文化科技企业提供了超过 80 亿元的融资支持，其中中小企业项目占比超过 75%，民营企业项目占比达 92%。

小　结

知识产权资产证券化是资产证券化的一种，是知识产权资产价值转化的高度创新。与传统的资产证券化相比，最大区别在于基础资产为基于无形知识产权所产生未来可预测的、稳定的、特定的现金流相关财产性权利。简单地说，知识产权资产证券化就是以知识产权的未来预期收益为支撑，发行可以在市场上流通的证券进行融资。从实践来看，2018 年 12 月 14 日，我国首支真正意义上的知识产权资产证券化标准化产品"第一创业－文科租赁一期资产支持专项计划"在深交所成功获批，标志着我国知识产权融资开始走向证券化，其对于拓宽中小企业融资渠道、改善市场主体创新发展环境、促进创新资源良性循环、引导金融资本向高新技术产业转移等具有重要的现实意义。在此基础上，要进一步创新知识产权资产证券化推行模式，建立健全知识产权资产证券化法律风险防范机制，全面促进知识产权转移转化，并引导金融资本向高新技术产业转移，促进传统产业的转型升级和战略性新兴产业的培育发展，提升经济质量和效益。

参考文献

［1］郑成思. 知识产权法：新世纪初若干研究重点［M］. 北京：法律出版社，2004.

［2］郑成思. 世界贸易组织与贸易有关的知识产权［M］. 北京：中国人民大学出版社，2008.

［3］吴汉东，胡开忠. 无形财产权制度研究［M］. 北京：法律出版社，2005.

［4］刘红霞. 知识产权质押融资模式运行中的问题及其优化对策研究［M］. 北京：经济科学出版社，2015.

［5］刘红霞. 商标资产管理研究［M］. 北京：中国工商出版社，2009.

［6］铃木公明. 知识财产的价值评估［M］. IMS 出版社，2003.

［7］刘萍. 应收账款担保融资创新与监管［M］. 北京：中信出版社，2009.

［8］姚梅镇. 国际经济法概论［M］. 武汉：武汉大学出版社，1999.

［9］陈本寒. 担保物权法比较研究［M］. 武汉：武汉大学出版社，2004.

［10］冯晓青，刘友华. 专利法［M］. 北京：法律出版社，2010.

［11］何敏. 知识产权法总论［M］. 上海：上海人民出版社，2011.

［12］何敏. 企业知识产权管理战略［M］. 北京：法律出版社，2006.

［13］董涛. 知识产权证券化制度研究［M］. 北京：清华大学出版社，2009.

［14］郑成思. 知识产权法：新世纪初若干研究重点［M］. 北京：法律出版社，2004.

［15］李琛. 论知识产权法的体系化［M］. 北京：北京大学出版社，2005.

［16］孔祥俊. 民商法新问题与判解研究［M］. 北京：人民法院出版社，1996.

［17］王迁. 著作权法［M］. 北京：中国人民大学出版社，2015.

［18］王迁. 知识产权法教程［M］. 北京：中国人民大学出版，2016.

［19］王莲峰. 商标法学［M］. 2 版. 北京：北京大学出版社，2014.

［20］席靖彭，张骏，等. 知识产权保护的新境界［M］. 北京：中国政法大学出版社，2007.

［21］世界知识产权组织. 知识产权纵横谈［M］. 北京：世界知识出版社，1992.

［22］霍玉芬. 信托法要论［M］. 北京：中国政法大学出版社，2003.

［23］《十二国专利法》翻译组. 十二国专利法［M］. 北京：清华大学出版社，2013.

［24］余辉. 英国信托法：起源、发展及其影响［M］. 北京：清华大学出版社，2007.

［25］周小明. 信托制度的比较法研究［M］. 北京：法律出版社，1995.

［26］来小鹏. 版权交易制度研究［M］. 北京：中国政法大学出版社，2009.

［27］符国群. 关于商标资产研究的思考［J］. 武汉大学学报（哲学社会科学版），1999
（1）：70 - 73.

［28］郑垚. 商标资产及其计价方法［J］. 价值工程，2003（4）：6 - 7.

［29］何敏. 论企业专利运营中的 SEBS 平台［J］. 知识产权，2016（5）：84 - 89.

［30］来小鹏. 影响知识产权价值评估的法律因素［J］. 中国资产评估，2008（3）：
33 - 35.

［31］李满宇，刘桂明. 专利价值评估的影响因素分析［J］. 中国发明与专利，2013（7）：
31 - 33.

［32］王家新. 版权资产是国有文化企业的核心竞争力［J］. 中国版权，2015（2）：5 - 9.

［33］吴洁明，徐晨钢. 版权资产管理体系研究［J］. 科技与出版，2015（12）：59 - 63.

［34］王智源. 版权资产管理模式的分析与思考［J］. 编辑之友，2013（10）：102 - 105.

［35］韩赤风，张兆勇. 瑞典专利质押制度及其借鉴［J］. 知识产权，2015（10）：
136 - 140.

［36］高圣平. 著作权出质登记制度若干问题［J］. 法学，2010（6）：75 - 83.

［37］谢黎伟. 知识产权担保融资国际立法的新趋势［J］. 海峡法学，2012（4）：60 - 66.

［38］刘春田. 知识产权作为第一财产权利是民法学上的一个发现［J］. 知识产权，2015
（10）：3 - 9.

［39］张威. 专利权质押融资信息化服务平台构建［J］. 合作经济与科技，2018（23）：
38 - 40.

［40］周衍平，黄河. 知识产权质押融资研究的热点领域与拓展趋势分析［J］. 山东科技
大学学报（社会科学版），2018（5）：58 - 66.

［41］樊增强. 知识产权保护的科技创新效应、现存问题与战略选择［J］. 科学管理研究，
2018（5）：27 - 30.

［42］朱媛. 互联网金融下的科技型中小企业融资模式创新研究［J］. 中国集体经济，
2018（29）：76 - 77.

[43] 齐岳，廖科智，等. 创新创业背景下科技型中小企业融资模式研究——基于知识产权质押贷款 ABS 模式的探讨 [J]. 科技管理研究，2018（18）：127－132.

[44] 高健. 浅析科技型中小企业专利质押融资存在的问题及解决对策 [J]. 山西科技，2018（5）：24－26.

[45] 李培培. 我国中小企业专利权质押融资存在的问题和对策 [J]. 商业经济，2018（9）：84－85，188.

[46] 徐迪，李冰. 知识产权质押融资模式演化博弈分析——基于供应链金融视角 [J]. 北京邮电大学学报（社会科学版），2018（4）：36－43.

[47] 马彧崧，齐天凤. 科技型中小企业知识产权融资服务体系探究 [J]. 学术交流，2018（8）：93－97.

[48] 李军峰. 我国知识产权质押融资发展现状及对策 [J]. 改革与战略，2018（8）：52－55.

[49] 高圣平. 统一动产融资登记公示制度的建构 [J]. 环球法律评论，2017（6）：66－83.

[50] 郑成思. 论知识产权的评估 [J]. 法律科学，1998（1）：44－52.

[51] 曾莉，王明. 美日科技型中小企业知识产权质押融资的经验及启示 [J]. 中国注册会计师，2016（10）：101－105.

[52] 徐栋. 中外知识产权质押贷款发展状况研究 [J]. 电子知识产权，2009（8）：51－53.

[53] 宋光辉，田立民. 科技型中小企业知识产权质押融资模式的国内外比较研究 [J]. 金融发展研究，2016（2）：50－56.

[54] 陈以乐. 中外知识产权质押融资制度的比较 [J]. 今传媒，2016（11）：32－33.

[55] 李希义. 日本政策投资银行开展知识产权质押贷款的做法和启示 [J]. 中国科技论坛，2011（7）：147－152.

[56] 李龙. 日本知识产权质押融资和评估 [J]. 华东理工大学学报，2009（4）：79－85，99.

[57] 杨莲芬，董晓安. 日本知识产权质押融资的启示 [J]. 浙江经济，2012（4）：44－45.

[58] 周丽. 我国知识产权质押融资面临的困境、挑战及对策 [J]. 电子知识产权，2011（7）：37－43.

[59] 杨建峰，张磊. 知识产权交易市场发展的国际经验及对我国的启示 [J]. 科技进步

与对策，2013（19）：6-8.

［60］张婷，卢颖. 科技型中小企业知识产权质押融资的困境及完善路径［J］. 金融与经济，2016（11）：62-66.

［61］黎四奇. 知识产权质押融资的障碍及其克服［J］. 理论探索，2008（4）：139-142.

［62］汪路，金剑锋. 构建动产权属统一登记公示制度［J］. 中国金融，2014（2）：81-82.

［63］肖侠. 科技型中小企业知识产权质押融资管理对策研究［J］. 科学管理研究，2011（5）：116-120.

［64］马伟阳. 知识产权质押融资评估的司法判断［J］. 人民司法，2014（9）：44-49.

［65］周竺，杨芳. 知识产权质押融资中的价值评估问题新探索［J］. 中国资产评估，2018（9）：17-19，25.

［66］张伯友. 知识产权质押融资的风险分解与分步控制［J］. 知识产权，2009（2）：30-34.

［67］宋伟，胡海洋. 知识产权质押贷款风险分散机制研究［J］. 知识产权，2009（4）：73-77.

［68］陈蕾，徐琪. 知识产权交易市场建设态势与路径找寻［J］. 改革，2018（5）：119-130.

［69］王智源. 关于技术和知识产权交易平台建设的对策建议［J］. 产权导刊，2016（2）：42-44.

［70］徐佳. 国外知识产权交易平台建设经验的启示［J］. 现代经济信息，2014（16）：358.

［71］屠强. 基于知识产权交易平台建设研究［J］. 科技展望，2016（26）：281.

［72］杨伟民，邓志云，等. 知识产权交易平台建设探索［J］. 天津科技，2015（9）：94-95，98.

［73］刘春霖. 中小企业专利托管的问题及对策研究［J］. 河北科技大学学报，2014（4）：46-52.

［74］王力. 建立我国知识产权信托制度的战略思考［J］. 财经智库，2018（5）：101-111，143.

［75］李光云，刘朝辉. 知识产权代理与托管关系初辨［J］. 云南科技管理，2018（4）：24-26.

［76］郭俊. 完善我国知识产权信托融资模式的相关思考——基于国际经验的比较与借鉴

［J］. 学习与实践，2015（7）：24－32.

［77］刘明江. 知识产权托管研究［J］. 河南科技，2016（7）：34－46.

［78］刘沛佩. 知识产权质押融资的法律依据与制度重构［J］. 重庆社会科学，2010（12）：81－87.

［79］陈勇. 以证券化推进专利实施与产业化［J］. 知识产权，2006（1）：40－42.

［80］焦洪涛，林小爱. 知识产权资产证券化——"金融创新与知识产权"专题研究之二［J］. 科技与法律，2004（1）：69－71.

［81］刘思海. 论资产证券化中的特定目的机构［J］. 江苏大学学报（社会科学版），2018（20）：30－37，84.

［82］罗勇. 日本知识产权金融政策创新的经验——以知识产权证券化为例［J］. 法制与经济，2018（9）：26－27，30.

［83］王莲峰，叶赟葆. 我国商标资产证券化的必要性和可行性探究［J］. 知识产权，2018（8）：54－61.

［84］孟珍. 知识产权证券化的日本经验与中国启示——以法律制度与实践的互动为视角［J］. 南京理工大学学报（社会科学版），2018（31）：38－43.

［85］汪海粟，曾维新. 科技型中小企业的知识产权证券化融资模式［J］. 改革，2018（04）：120－129.

［86］谭文俊，陈菊红，等. 知识产权证券化资产池构建的影响因素［J］. 科技管理研究，2018（38）：206－209.

［87］王子冲. 知识产权证券化的内在缺陷和法律阻碍［J］. 当代经济，2017（26）：45－47.

［88］刘天然. 我国科技型中小企业的知识产权证券化分析［J］. 时代金融，2017（26）：148－150.

［89］邵慧峰，詹可. 基于知识产权证券化的SPV风险法律规制之进路［J］. 法治社会，2017（4）：81－90.

［90］方媛，熊文新. 知识产权证券化融资方式［J］. 西南农业大学学报（社会科学版），2013（11）：47－51.

［91］王晓东. 知识产权证券化的风险及防范［J］. 商业时代，2012（33）：88－89.

［92］汤珊芬，程良友. 知识产权证券化探析［J］. 科学管理研究，2006（4）：53－56.

［93］张宏宇，张瑞稳. 美日知识产权证券化及对我国的启示［J］. 消费导刊，2008（14）：10－11.

[94] 曾维新，基芳婷. 典型国家和地区知识产权证券化演进与模式比较研究——基于美日欧的实践经验 [J]. 现代商贸工业，2017（23）：107 – 111.

[95] 李建伟. 知识产权证券化：理论分析与应用研究 [J]. 知识产权，2006（1）：33 – 39.

[96] 尤雅. 知识产权证券化的国际借鉴及其在中国的适用性研究 [J]. 中国证券期货，2011（8）：35 – 36.

[97] 王晓东. 美国知识产权证券化融资的成功经验及对中国的启示 [J]. 管理现代，2012（6）：115 – 117.

[98] 邹小芃，王肖文，等. 国外专利权证券化案例解析 [J]. 知识产权，2009（1）：91 – 95.

[99] 谢黎伟. 美国的知识产权融资机制及其启示 [J]. 科技进步与对策，2010（24）：40 – 44.

[100] 梁继江. 美国资产证券化市场的发展：经验与教训 [J]. 财会研究，2011（1）：68 – 71.

[101] 傅晓冬. 美国资产证券化业务 [J]. 中国金融，2016（11）：61 – 62.

[102] 盖嘉乐. 知识产权证券化——SPV 组织形式运用之研究 [J]. 经济研究导刊，2014（25）：123 – 125.

[103] 李劼. 知识产权证券化的风险及其防范探究 [J]. 金融经济，2015（8）：84 – 86.

[104] 梁张华. 知识产权证券化的风险及其控制研究 [J]. 价值工程，2013（6）：154 – 156.

[105] 黄光辉，朱雪忠. 知识产权证券化的风险研究——基于知识产权特性的分析 [J]. 科技管理研究，2009（12）：508 – 511.

[106] 刘艳平. 知识产权证券化法律风险制度研究 [J]. 知与行，2017（12）：135 – 139.

[107] 黄勇. 知识产权资产证券化法律风险防范机制之研究 [J]. 政法论坛，2015（6）：138 – 145.

[108] 钟瑞栋. 知识产权证券化风险防范的法律对策 [J]. 厦门大学学报（哲学社会科学版），2010（2）：58 – 65.